AF453317

CATALOGUE

—

DES LIVRES

QUI COMPOSENT LA

Bibliothèque Communale

DE

SAINT-AMAND-LES-EAUX (NORD).

Saint-Amand

IMPRIMERIE LEGRU-RAVIART, GRAND'RUE.

—

1880.

CATALOGUE

DES LIVRES

QUI COMPOSENT

LA BIBLIOTHÈQUE COMMUNALE

DE SAINT-AMAND (NORD).

CATALOGUE
DES LIVRES

QUI COMPOSENT LA

BIBLIOTHÈQUE COMMUNALE

DE

SAINT-AMAND-LES-EAUX (NORD).

Saint-Amand

IMPRIMERIE LEGRU-RAVIART, GRAND'RUE.

1880.

CATALOGUE

des Livres provenant de la

BIBLIOTHÈQUE DE L'ABBAYE DE ST-AMAND

LIVRES-SAINTS.

In-folio.

Nom du lieu et date de l'impression.

ANVERS. — 1524. Biblia sacra.
N° 366.

LYON. — 1551. Biblia sacra.
N° 286.

ROME. — 1636. Dominici Ginnasie épiscopi ostiensis
N° 529. S. R. E. cardinalis enarrationes
in omnes psalmos David Cum
Indice copioso rerum.

PARIS. — 1558. Biblia latina cùm scholiis ad mar-
N° 364. ginem, operà Johannis Benedicti,
doctoris Parisiensis. — Benoit
le Prévost.

ANVERS. — 1578. La Sainte-Bible contenant l'ancien
N° 365. et le nouveau Testament.

ANVERS. — 1634. Biblia sacra, cùm Glossà ordinarià,
Nᵒˢ 358 à 363. primùm quidem à Strabo Ful-
densi, monacho benedictino, collecta; nùnc verò novis patrum

cùm græcorum tùm latinorum explicationibus locupleta et postillà Nicolaï Lirani, Francisceni, necnon additionibus Pauli Burgensis, épiscopi, et Mathiæ Torengi replicis, operà et studio theologorum Duacensium, etc., etc. — Jean Meurs.

ANVERS. — 1672. N° 311. Novum Testamentum græcum, vulgatà cùm interpretatione latinà græci contextûs, lineà insertà. Operà et studio benedicti Ariæ Montani, Hispalensis, etc. — Apùd Christophorum Plantinum.

PARIS. — 1753. N°s 354 à 357. Biblia hœbraïca cùm notis criticis et versione latinà ad notas criticis factà. Accedunt libri græci qui Deuterocanonici vocantur, in tres classes distributi. Authore : Carolo-Francisco Houbigant, oratorii Jesu sacerdote. — Antoine Claude Briasson et Laurent Durant.

In-4°.

LOUVAIN. — 1563. N° 30. Sanctum Jesu-Christi evangelium, acta apostolorum, etc. — Bartholomée Legrave et Pierre Zangrii-Tiletain.

In-18.

ANVERS. — 1570. N° 7. Biblia ad vetustissima exemplaria nùnc recens castigata. — Apùd viduam et hœredes Johannis Stelsii.

In-32.

COLOGNE. — 1679. Prophetæ.
N° 393.

TRAITÉS SUR LES LIVRES SAINTS.

In-folio.

PARIS. — 1509. In vitam Domini nostri Jesu-Christi
N° 151.   per religiosum virum Ludolphum
de Saxoniâ annotationes.— Apùd
Bertholdum Rembold (*Impression gothique*).

ANVERS. — 1574. Josuæ imperatoris historia illustrata
N° 15.   atque explicata Andrœà Masio.
— Christophe Plantin.

ANVERS. — 1594. Angelici D. Thomæ Aquinatis,
N° 530.   ordinis prœdicatorum, viri cùm
vitæ sanctimoniâ tùm litterarum
doctrinâ conspicui, doctissima
in omnes D. Pauli apostoli epistolas commentaria. Labore et
industriâ doctissimi viri fratris
Remigii Florentini. — Apùd
Petrum Bellerum.

ROME. — 1604. Explanationes et commentarii Hieronymi Pradi, è societate Jesu,
N°s 347 à 349.   in priora sex et viginti capita
Ezechielis ; explanationes J.-B.
Villalpandi, ex eàdem societate,
in reliqua viginti-duo capita

viginti-duo capita ejusdem Ezechielis; et tandem apparatus urbis
ac templi Hierosolimitani , et
cœtera. —Carolus Vallietus, typis
Illefonsi Ciacconii. 3 vol.

DOUAI. — 1621, Guillielmi Estii, sanctæ theologiæ
N° 153. doctoris et in academià Duacensi
primarii professoris, ejusdem
universitatis cancellarii, annotationes in præcipua ac difficiliora
sacræ scripturæ loca. — Typis
Viduæ et Hœredum Petri Bor-
remans.

DOUAI. — 1629. In sacra Biblia veteris et novi
N° 154. Testamenti Guillielmi Estii, sanctæ theologiæ doctoris, etc., annotationes. — Apùd Gerardum
Patte.

LONDRES. —1660. Critici sacri, sive doctissimorum
N°s 209 à 217. virorum in sancta Biblia anno-
tationes et tractatus. Opus sum-
mà curà recognitum à Joanne
Pearson, archidiacono Suriensi;
Antonio Scattergood, ecclesiæ
Lincolniensi canonico; F. Goud-
man ecclesiæ Okendon rectori et
Richardo Pearso, collegii regii
socio. —Apùd Cornelium Bée.

PARIS. — 1645. Les Peintures sacrées sur la Bible,
N° 24 par le R. P. Antoine Génard, de la
compagnie de Jésus, dédiées à la
reine mère. — Vᵉ Antoine de
Sommaville.

PARIS. — 1709. Commentarius litteralis in omnes
N° 282.   epistolas S. Pauli apostoli et in
septem epistolas catholicas Sanctorum apostolorum Jacobi, Petri,
Joannis et Judæ. Auctore : reverendo patre F. Natali Alexandro,
in sacrà facultate parisiensi doctore.

S. N. — S. D. In Jeremiam prophetam commen-
N° 234.   taria.
*(Je crois que le nom de l'auteur
est* LORIN.)

In-4°.

PARIS. — 1558. Beati Theodoreti, episcopi Cyrensis,
N° 31   de selectis scripturæ divinæ
quœstionibus ambiguis, Joanne
Pico, prœside classium inquisi-
toriarum, senatûs parisiensis
interpretà. — Ex officinà Jacobi
Pateani.

ANVERS. — 1567. Concordantiæ bibliorum utriusque
N° 535.   testamenti veteres et novæ et
integræ, quas reverà majores
appellare possis. — Ex officina
viduæ et hœredum Joannis Stelsii.

MAYENCE. — 1610. Notationes in totam scripturam
N° 94.   sacram, auctore : Emmanuele
Sa. — Sumptibus Joannis Kinkii
excudebat Balthasarus Lippius.

LOUVAIN. — 1672. Vindiciæ decalogicæ desumptæ ex
N° 105.   Saüle, ex-rege, eximii Domini

Joannis Cinnichii, Cartageniensis Iberni, sanctæ theologiæ doctoris, professoris in academià Lovaniensi, etc. Accessit opusculum, non minùs pium quàm doctum, de juris naturalis ignorantià, ex sanctis litteris depromptum ab erudito viro Mathœo Vanvianen. — Typis Hieronimi Nempœi.

LYON. — 1699.   Introduction à l'écriture sainte, où
N° 29.   l'on traite tout ce qui a rapport aux Juifs, à leur origine, etc.; enrichie de plusieurs figures; traduite du latin, du révérend père Lami, prêtre de l'oratoire. — Jean Certe.

PARIS. — 1701.   Dissertation préliminaire, ou pro-
N° 136.   légomènes sur la Bible, pour servir de supplément à la Bibliothèque des auteurs ecclésiastiques, par Messire Louis Ellies du Pin, docteur en théologie, de la faculté de Paris, et professeur royal en philosophie. — André Prolard. 2 volumes en 1 seul.

LYON. — 1730.   Cornelii Jansenii Leerdamensis,
N° 36.   sanctæ theologiæ doctoris, professoris Lovaniensis, episcopi Yprensis, Tetrateuchus, sive commentarius in sancta Jesu-Christi evangelia. — Apùd Petrum Volfray.

In-12.

PARIS. — 1673. Isaïe traduit en françois, avec une
N° 104.   explication tirée des saints pères
              et des auteurs ecclésiastiques. —
              Guillaume Despretz.

In-18.

PARIS. — 1542. Dionysii, Carthusiani, in evangelia
N° 516.   Mathœi et Joannis enarratio prœ-
              clara admodùm etc. — Apùd
              Joannem Roigny.

ANVERS. — 1557. Jonas propheta per quadragesimam
N° 433.   piò et catholicè, in summâ œde
              moguntinâ, pro concione unàcùm
              evangeliorum ejusdem temporis
              tùm dominicalium quàm feria-
              lium, ad eumdem applicatione
              explicatus, anno domini MCXIII,
              per F. Joannem Ferum, etc. —
              Excudebat Martinus Nutius.

ROUEN. — 1622. Dictionnaire des passages de la
N° 545.   sainte bible pour tous les articles
              de la foi et cérémonies de l'église
              catholique, apostolique, et ro-
              maine, par Mᵉ Jean Lefébure,
              bachelier en la faculté de théolo-
              gie de Paris, curé de Toste. —
              Jean Lelocu.

TOURNAY. — 1707. Tractatus moralis in Decalogi prœ-
N° 458.   cepta. Opus principiis Thomis-
              ticis et Scolisticis accommodatum,

etc., studio et labore Francisci Henno. — Ex typographià Jacobi Vincent.

In-24.

COLOGNE. — 1611. Flores Bibliorum, sivè loci commu-
N° 435. nes omnium ferè materiarum ex veteri et novo Testamento excerpti, atque alphabetico ordine digesti, etc. — Apùd Petrum Henningium.

In-32.

COLOGNE. — 1617. Figuræ Bibliorum explicatæ per
N° 434. reverendum dominum Antonium de Rampelogis, Genuensem, ordinis Eremitarum domini Augustini, sanctæ theologiæ doctorem; etc. — Apùd Petrum Henningium.

PÈRES DE L'ÉGLISE,

ÉCRITS

Théologiques, Canoniques, Ascétiques, Mystiques Controversistes, etc., etc.

In-folio.

PARIS.   — 1665. B. Petri Domiani, S. R. E. cardi-
   N° 158.   nalis, episcopi Ostiensis, ordinis
                    S. Benedicti et doctoris sanctis-
                    simi ac dissertissimi, opera omnia
                    etc. Studio et labore domini
                    Constantini Gaïctani, Syracusani,
                    abbatis Sancti Barontis, congre-
                    gationis Casinensis.— Sumptibus
                    Roberti de Ninville. 4 vol. en 1
                    seul.

ROUEN.   — 1648. M. Hugonis de Sancto Victore,
   N°s 323 à 325.   canonici regularis Sancti Victoris,
                    Parisiensis, tùm pietate tùm doc-
                    trinà insignis opera omnia tribus
                    tomis digesta.— Sumptibus Joan-
                    nis Berthelin. 3 vol.

PARIS.   — 1648. B. Lanfranci, Cantuariensis archie-
   N° 233.   piscopi, etc., opera evulgavit do-
                    minus Lucas d'Acheri, etc., vitam
                    et epistolas notis et observationi-
                    bus illustravit. — Jean Billaine.

BRUXELLES.--1654. Encomiasticon Augustinianum in
   N° 20.   quo personæ ordinis eremitarum
                    sancti patris nostri Augustini
                    sanctitate, prœlaturà, legationi-
                    bus, scriptis, etc., prœstantes
                    enarrantur Auctore R. P. F. Phi-
                    lippo Elssio, Belgà Bruxellensi,
                    ejusdem ordinis sancti patris nos-
                    tri Augustini religioso. — Ex
                    typographià Francisci Vivieni.

PARIS.   — 1690. Opera sancti Hieronymi colligerunt
   N°s 284 à 287.   religiosi fratres Monachi ordinis

sancti Benedicti è congregatione sancti Mauri. — Apùd Ludovicum Roulland et Joannem Anisson. 4 vol. *(Lacérés)*.

PARIS.   — 1690. S. Bernardi abbatis primi Claræ-
Nᵒˢ 345 et 346.   Vallensis opera post Horstium denuò recognita, aucta, etc., et in meliorem digesta ordinem etc., secundis curis Domini Joannis Mabillon, presbyteri et monachi Bedictini è congregatione Sancti Mauri. — Sumptibus Joannis Guignard. 2 vol. *(Lacérés)*.

PARIS   — 1690. Sancti Ambroisii, Mediolanensis
Nᵒˢ 326 et 327.   episcopi, opera ad manu-scriptos codices Vaticanos, Gallicanos, Belgicos, etc., non ad editiones veteres, emendata, studio et labore monachorum ordinis sancti Benedicti è congregatione sancti Mauri. — Typis et sumptibus viduæ Joannis-Baptistæ Coignard. 2 Volumes.

PARIS.   — 1693. Sancti Hilarii, Pictavorum episcopi,
Nᵒ 321.   quotquot exstant opera, etc., curà et labore monachorum ordinis sancti Benedicti è congregratione sancti Mauri. — Apùd Franciscum Muguet.

ANVERS. — 1700. Sanctorum Patrum qui temporibus
Nᵒˢ 226 et 227.   apostolicis floruerunt, Barnabæ, Clementis, etc., opera edita et inedita, vera et supposita, etc., Cotelerius, societatis Sorbonicæ theolo-

gus, eruit et correxit. — Hugue-
tanorum sumptibus. 2 Volumes.

PARIS.   — 1700. Sancti Optati, Afri Milevitani, de
N° 225   schismate Donatistarum, adver-
sùs Parmenianum libri septem.
— Apùd Andræam Paillard.

PARIS.   — 1708. Venerabilis Hildeberti, primi Ceno-
N° 224   manensis episcopi deindé turo-
nensis archiepiscopi, opera tàm
edita quam inedita ; accesserunt
Marbodi, Redonensis episcopi,
ipsius Hildeberti supparis, opuscula, etc., labore et studio domini
Antonii Beaugendre, presbyteri
et monachi ordinis sancti Benedicti et congregatione sancti Mauri
— Apùd Laurentium Leconte.

PARIS.   — 1710. Sancti Irænei, episcopi Lugdunensis
N° 302   et Martyris, detectionis et ever-
tionis falsè cognominatæ agniti-
onis, seu contrà hæreses libri
quinque, post Francisci Feuar-
dentii et Joannis Ernesti Grabe
recensionem, castigati denùò, etc,
studio et labore domini Renati
Massuet, monachi Benedictini è
congreg. sancti Mauri. — Apùd
J. B. Coignard.

PARIS.   — 1711. Sancti Prosperi Aquitanæ, sancti
N° 333   Augustini discipuli, opera omnia
etc. — Sumptibus Guillielmi
Despretz et Joannis Desessartz.

PARIS.   — 1712. Thesaurus novus anecdotorum,
Nos 218 à 222   complectens SS. Patrum aliorum-
que auctorum ecclesiasticorum,
omnium feré sanctorum, etc., à
quarto ad decimum-quintum sœ-
culum opuscula, prodit nùnc
primùm studio et operà D. Edmundi Martene et D. Ursini Durand,
presbiterorum et monachorum
benedictinorum è congreg. S.
Mauri. — Sumptibus Florentini
Delaulne & Hilarii Fomault. 5 Vol.

PARIS.   — 1712. Sancti patris nostri Joannis Damas-
Nos 300 et 301.   ceni, monachi et presbyteri
Hyerosolimitani, opera omnia
quæ exstant et ejus nomine circùmferuntur, etc., collecta, etc.,
operà et studio Michaëlis Lequien
Morino-Boloniensis, ordinis fratrum prœdicatorum. — Apùd
Joannem Baptistam Delespine.
2 Volumes.

PARIS.   — 1718. Sancti Bazilœi Cesareæ, Cappado-
Nos 328 à 330   ciæ archiepiscopi, opera, curà et
studio Domni Juliani Garnier,
monachi presbyterique Benedictini è congregatione sancti Mauri,
perpolita, etc. — Apùd Joannem-
Baptistam Coignard. 3 Volumes.

PARIS.   — 1721. Sancti Anselmi opera, labore ac
No 322   studio domini Gabrielis Gerberon
ordinis sancti Benedicti è congregatione sancti Mauri, aucta et
manu-scriptorum fidem expur-

gata. — Apùd Franciscum Montalant.

ANVERS. — 1725. Thesaurus monumentorum ecclesiasticorum et historicorum, sivè Henrici Canisii lectiones antiquae, ad sœculorum ordinem digestæ, etc., quibus prœfationes historicas, animadversiones criticas, etc. adjecit Jacobus Basnage. — Apùd Rodolphum et Gerhardum Westenios. 4 Volumes.
Nos 229 à 232

ROME. — 1732. Sancti patris nostri Ephraëm, Syri, opera omnia quae exstant græcè, syriacè, latinè. etc. Nùncprimùm, sub auspiciis sanctissimi patris Clementis XII, è bibliothecà vaticanà prodeunt. Ex typographià vaticanà.—Apùd J. M. H. Salvioni. 6 Volumes.
Nos 238 à 243.

PARIS. — 1733. Origenis Adamantii opera omnia quae græcè vel latinè tantùm exstant et ejus nomine circùmferuntur, etc., collecta, etc., operà et studio Caroli Delarue, presbyteri et monachi Benedictini è congregatione sancti Mauri. — Typis Jacobi Vincent. 4 Vol.
Nos 244 à 247.

PARIS. — 1733. Sancti Justini, philosophi et martyris, quae exstant opera omnia græcolatina, etc.; edita à D*** — Apùd Carolum Osmond (*Lacérés*).
No 341.

S. N. — S. D. Joannis Gersonii, doctoris et cancellarii Parisiensis, opera omnia. 5 vol. compris en trois.
Nos 248, 249, 250.

In-4º.

PARIS.   — 1506.   Ludolfi, Carthusiensis, qui et auctor
N° 133.   fuit vitæ Christi, in psalterium
                     expositio. — Apùd Bertholdum
                     Rumbolt (*Impression gothique*).

DOUAI.   — 1643.   Le bon Mariage, ou le moyen d'être
N° 528.   heureux et faire son salut en
                     mariage, avec un traité des vefves,
                     par le révérend père C. Maillard,
                     de la compagnie de Jésus. — Jean
                     Serrurier

COLOGNE.— 1662.   Sanctuarium, hoc est Sermones
N° 107.   utilissimi et omni concepti genere
                  refertissimi panegyrici sanctorum
                  omnium quorum memoriam sive
                  solemnitatem per totius anni de-
                  cursum celebrat sancta Mater
                  nostra ecclesia orthodoxa Romano
                  catholica, etc., editi operà, studio
                  et industria admodùm reverendi
                  patris M. Augustini Paoletti
                  sanctæ theologiæ doctoris eximii,
                  ordinis eremitarum sancti Au-
                  gustini — Apùd Joannem Bugeum

ROUEN.   — 1670.   Réponse au livre de M. Arnauld,
N° 11.   intitulé La Perpétuité de la foi de
                     l'Eglise Catholique, touchant l'Eu-
                     charistie défendue. —Jean Lucas.

BRUXELLES - 1671.   L'Homme voyageur ou le Pélerin
N° 2.   de ce monde, qui aspire au Ciel
                    et tend à sa patrie, par le révérend
                    père Jean Turiana, de la compa-
                    gnie de Jésus.

PARIS.   — 1674. Méditations pour les Novices et les
N° 34.   jeunes Profès, et pour toutes
               sortes de personnes qui sont en-
               core dans la vie purgative, par
               dom Simon Bougis, religieux
               bénédictin de la congrégration de
               Saint Maure. — Louis Bilaine.

LIÈGE.   — 1682. Doctrina quam de primatu, auto-
N° 377.   ritate et infaillibilitate Romani
               Pontificis tradiderunt Lovanien-
               ses sanctæ theologiæ magistri ac
               professores tàm veteres quàm re-
               censiores, etc., per D. A. A***
               sanctæ theologiæ professorem.—
               Apùd Henricum Hoyoux.

ROUEN.   — 1731. Traité historique et moral de l'abs-
N° 28.   tinence de la viande et des révo-
               lutions qu'elle a eues, depuis le
               commencement du monde jusqu'à
               présent, tant parmi les Hébreux
               que parmi les païens, les chré-
               tiens et les religieux anciens et
               modernes, etc., par le révérend
               père dom Grégoire Berthelet, re-
               ligieux bénédictin de la congré-
               gation de saint Vannes et de saint
               Hydulphe. — Vᵉ Hérault.

PARIS.   --- 1739. Statuorum synodalium ecclesiæ
N° 35.   Cameracensis, collectio, etc.
               Apùd Marium Bordelet.

In-12.

ANVERS. — 1571. Summa virtutum ac vitiorum, etc.
Nᵒˢ 479 et 480.   Apùd Philippum Nutium. 2 Vol.

ANVERS. — 1587. Catechismus Romanus ex decreto
Nᵒ 373.   concilii Tridentini et Pii V, etc.,
studio et industria Andreæ-
Fabricii, Leodii, illustrissimorum
principum Alberti et Ernesti, ejus
filii, comitum, palatinorum Rheni
ac utriusque Bavariæ ducum
conciliarii. --- Ex officina Christophori Plantini.

BRUXELLES. - 1664. L'aveuglement sans pareil et l'in-
Nᵒ 539.   gratitude sans seconde, par le
révèrend père Cyprien de la nati-
vité de la vierge, carme deschaussé
--- Philippe Vleugaërt.

PARIS. — 1691. Entretiens de l'abbé Jean et du
Nᵒ 9   prestre Eusèbe, par M. François
du Suel, prêtre, docteur en théologie et curé de Châtres, ---
Joseph Anisson.

UTRECHT. -- 1707 Déclaration apologétique de messire
Nᵒ 551.   Pierre Codde, archevêque de Sé-
baste, où il fait déduction simple
et fidèle des principaux points de
son affaire avec des preuves authentiques et des pièces justifi-
catives. Traduit du latin de ce
prélat. --- Théodore Van Den .
Eynden.

VIENNE.   — 1736. Le saint exercice de la présence de
N° 548.   Dieu, divisé en vingt chapitres.
                --- Aux dépens d'Etienne Briffaut

In-18.

DOUAI.   — 1577. La grande guide des pécheurs à
N° 447.   vertu, en laquelle est traité fort
                amplement des richesses, beautés
                dignités d'icelle vertu, ensemble
                du chemin qu'il faut tenir pour
                l'obtenir, le tout composé en
                langue castillane, par le révérend
                frère Loys de Grenade, docteur en
                théologie de l'ordre de saint Do-
                minique, translatée depuis en
                français par Paul du Mont,

ANVERS.   — 1582. Joannis de Sacrobosco emendata
N° 426.   in eadem Francisci Junctini, Flo-
                rentini-Eliæ Vineti, Santonis, et
                Alberti Heroni Scholia. — Apùd
                Petrum Bellerum.

FRANCFORT.--1590. Septimus decretalium constitutio-
(Sur-le-Mein).   num apostolicarum, post suatum
N° 8.   Clementinarum et extravagantium
                usque in hodiernum diem edita-
                rum continuatio, etc., operà Petri
                Mathæi. — Impressum apùd
                Joannem Ferabendum, impensis
                dominorum Henricii Tackii et
                Petri Fischeri.

DOUAI.   — 1597. Thomæ Cantipratani, sanctæ theo-
N° 462.   logiæ doctoris, ordinis sancti
                Dominici et episcopi suffraganei

Nom du lieu et date de l'impression.

Cameracencis, miraculorum et exemplorum mirabilium sui temporis libri duo, operâ et studio Georgi Calvenarii, Aloscensis, sanctæ theologiæ licentiati et librorum in academiâ Duacensi visitatoris. — Ex typographiâ Balthazaris Belleri.

PARIS. — 1606. N° 6. Thomæ Stapletoni, Angli, sanctæ theologiæ doctoris et professoris Regii Lovanii, promptuarum catholicum. - Apùd Adrianum Reys.

VALENCE. — 1609. N° 374. Vita Beati Aloysii Gonzagæ, religiosi societalis Jesu, à reverendo patre Virgiolo Cepario, ejusdem societatis sacerdote. — Apùd Joannem Verusiet.

COLOGNE. — 1609. N° 430, Bibliotheca Carthusiana, sivè illustrium sacri Carthusiensis ordinis scriptorum Catalogus, auctore : fratre Theodoro Petrerio, ejusdem ordinis, etc. — Apùd Antonium Hieratum.

ANVERS. — 1614. N° 448. Sacro sancti et Œcumenii Concilii Trident ni Paulo III, Julio III et Pio IV, pontificibus maximis, celebrati canones et decreta, recens accesserunt duorum eruditissimorum virorum dominorum Joannis Solecelli, theologi, et Horacii Luti, jurisconsulti, utilissimæ ad marginem annotationes, etc. — Ex officinâ Plantinianâ, apùd viduam et filios Joannis Moreti.

Nom du lieu et date de l'impression.

latione dispersa et confusa habebantur, simùl ordinatè disposita complectens. — Per Laurentium Gilibert, typographum.

PARIS. — 1682. N° 463. Instructions sur les dispositions qu'on doit apporter aux sacrements de pénitence et d'eucharistie, tirées de l'écriture sainte, des saints pères, etc. — Guillaume Despretz.

LOUVAIN. — 1686. N° 461. Methodus remittendi et retinendi peccata, authore : Gummaro Huygens, Lyrano, sanctæ theologiæ doctore in academiâ Lovaniensi. — Typis Hieronimi Nempœi.

DOUAI. — 1687. N° 459. Tractatus theologo-canonicus de sedis apostolicæ primatu, conciliorum Œcumenicorum, auctoritate, et infallibilitate regum in temporalibus ab omni potestate humanâ libertate, autore : eximio domino ac magistro nostro Jacobo Guilbert, Belgâ, sanctæ theologiæ doctore. — Apùd Nicolaum d'Assignies.

ANVERS. — 1700. N° 453. Defensio Arnaldina sive analytica synopsis libri de correptione et gracià (quæ ab Arnaldo doctore Sorbonico est, anno 1644) ab omnibus reprehensorum vindicata calomniis Guilelielmo S***.

LOUVAIN. — 1703. Eximii viri Bartholomæi Pasmans,
N° 474.   sacrâ doctoris in universitate
                   Lovaniensi, theologicæ de tertio
                   præcepto decalogi, etc. Defendit
                   Cornelius - Ludovicus Delarue,
                   Bredanus, in collegio Atrebatensi,
                   die 19 Februarii, anno 1686. —
                   Apùd Egidum Denique.

ROUEN.   — 1705. Homélies sur les évangiles de tous
N°s 454 et 455.   les dimanches de l'année, pour le
                   soulagement de ceux qui sont
                   chargés de la conduite et de l'ins-
                   truction des ames, par M. Herman
                   — Jean-Baptiste Besogne. 2 Vol.

DOUAI.   — 1708. Theologia moralis et scholastica de
N°s 380 et 472.   vitiis et virtutibus, etc. prodiit in
                   gratiam et juvamen studiosæ ju-
                   ventutis fratrum minorum recol-
                   lectorum provinciæ Domini An-
                   dreæ, studio et labore Francisci
                   Henno, etc. — Ex typographiâ
                   Michaëlis Mairesse.

DOUAI.   — 1713. Theogia dogmatica et scholastica de
N° 473.   Deo uno et trino, opus principiis
                   Thomisticis et scoticis quantum
                   licuit accomodatum prodiit, etc.,
                   studio et labore fratris Francisci
                   Henno, etc. Ex typographiâ Mi-
                   chaëlis Mairesse.

PASSAW. — 1715 Confutatio discussionis theologicæ
N° 460.   per reverendum dominum Au-
                   gustinum Michel, contrà quatuor
                   de contritione et attritione disser-

tationes fratris Petri Lamberti Ledroux. --- Apüd Josephum Corona.

PARIS. — 1718. Histoires choisies, ou livres d'exem-
N° 384. ples, tirées de l'écriture, des pères et des auteurs ecclésiastiques les mieux avérés, avec quelques réflexions morales. --- Guillaume Despretz et Jean Demartz.

COLOGNE. — 1744. Officia nova in brevario romano.
N° 425.

S. N. — S. D. Notæ in epistolam eximii domini,
N° 550. M. Steyaert sanctæ theologia doctoris, scriptam nomine commissariorum, in causà celebri patrum oratorii Montensis, ad illustrissimum ac reverendissimum archiepiscopum ducem Cameracensem adversùs notas quibus ipse auctor jàm nuper edidit.

In-24.

BRUXELLES -1643. Fontaine d'amour, divisée en sept
N° 547. parties, composée et recueillie en l'honneur de Dieu, pour l'entretien des âmes dévôtes, par messire Nicolas de Montmorenci, comte d'Ester, baron de Haveskerke seigneur de Vendegies et de Pamele, du conseil d'état et chef des finances de leurs serenissimes altèzes. --- Rudgert Velpius et Hubert Antoine.

Nom du lieu et date de l'impression.

ANVERS. — 1615. Antonii Mureti, presbyteri Jesu-
No 388.   Christi et civis romani, oratoris
                 ac poëtæ clarissimi, orationum
                 volumina duo. --- Apùd Hyeroni-
                 mum Verdussen. 2 vol. en 1 seul.

PARIS. — 1683. Le théologien dans les conversations
No 387.   avec les sages et les grands du
               monde. --- Sébastien Mabre-
               Cramoisi.

MONS. — 1694. Venerabilis Ludovici Blosii, Dacrya-
Nos 445 et 446. ni, abbatis Lætiensis, ordinis
                 sancti Benedicti in Hannonià,
                 speculum monachorum. -- Typis
                 Jacobi Grégoire.

PARIS. — 1698. La théologie du chrétien et ses prin-
No 475.   cipaux devoirs où chacun peut
               apprendre les vérités qu'il doit
               croire, etc., par l'ordre de mon-
               seigneur de Bar évêque de Lec-
               toure. ---Jean-Baptiste Goignard.

VERDUN. — 1710. Breviarium ad usum sacri et cano-
No 549.   nici ordinis præmonstratensis,
               reverendi in christo patris ac do-
               mini Domni Claudii Honoratii
               Lucas, abbatis præmonstratensis,
               etc., auctoritate novissimè cor-
               rectum ac emendatum. --- Apùd
               Claudium Muguet.

In-32.

BALE. — 1546. Psalterium græcè et latiné in studio-
No 394.   sorum gratiam diligentissimè
               excussum. -- Per Nicolaüm Bey-
               lingerum.

ROUEN.   — 1579. La grande guide des pêcheurs à
N° 391.   vertu, chef-d'œuvre de ce grand
personnage frère Loys de Granade
docteur en théologie de l'ordre
saint Dominique, traduite d'espagnol en français par Paul du Mont,
nouvellement revue et corrigée,
et augmentée de tables et indices.
--- Richard Lallemand.

ST-OMER. — 1622. De officio curati et quorumlibet
N° 385.   presbyterorum, etc., liber Joannis-
Baptistæ Bernardini, Possevini,
Mantuæ archipresbyteri, etc., per
dominum de Kerchoue. --- Ex
typographià Caroli Boschardi.

LYON.   — 1641. Ordinarium carthusiense, continens
N° 386.   novæ collectionis statutorum
ejusdem ordinis partem primam,
etc. Ex typographià Claudii Cayne.

BRUXELLES. 1676. Via compendii ad deum per motus
N° 438.   anagogicos et orationes jaculato-
rias. Liber isagogicus ad mysticam
théologiam. Auctore : domino
Joanne Bona. --- Typis Eugenii
Henrici Frincx.

LILLE.   — 1754. La sainte confrérie ou confédération
N° 543.   de Notre-Dame Auxiliatrice, érigée
à Munich, par autorité de feu son
altesse sérénissime l'électeur de
Bavière, confirmée par notre
saint père le pape, Innocent XI,
le 18 août 1684, avec les prières
conformes à l'esprit de cette asso-

ciation, le tout traduit de l'allemand en français par un prêtre de la confrérie. P. Brovellio.

LONDRES. — 1680. Manuale Tomistrum. 5 volumes.
  N° 382   *(Lacérés.)*

PHILOSOPHIE.

In-folio.

PARIS.   — 1652 Les essais de Michel, seigneur de
  N° 228.   Montaigne ; nouvelle édition, exactement purgée des défauts de la précédente, selon le vrai original, etc. — Pierre le Petit.

LA HAYE. — 1727. Œuvres complètes de M. Pierre
  N°s 251 à 254   Bayle, professeur en philosophie
  et 255 à 258.   et en histoire à Rotterdam; contenant tout ce que cet auteur a publié sur des matières de théologie, de philosophie, de critique, d'histoire et de littérature, avec le dictionnaire historique et le supplément à ce dictionnaire. — Pierre Husson, Th. Johnson et Pierre Gosse. 8 volumes.

In-18.

PARIS.   — 1692. Réponse aux réflexions critiques
  N° 375.   de M. Duamel sur le système carthésien de la philosophie de M. Regis, par Pierre-Sylvain Regis. — Jean Casson.

HISTOIRE.

In-folio.

PARIS. — 1635. Commentaires historiques, conte-
N° 531. nant en abregé les vies, éloges et
censures des empereurs, impéra-
trices, césars et tyrans de l'empire
romain jusqu'à Pertinax, par
Joseph Tristan, écuyer, sieur de
Saint-Amand, gentilhomme ordi-
naire de la chambre du Roi. ---
Pierre Bilaine.

BRUXELLES.-1640. Expositio et illustratio in ecclesias-
N° 150. ticum Jesu, filii Siroch, reverendi
patris Salvatoris de Leon, Murti-
ani, è societate Jesu theologi. ---
Apùd Petrum Bellerum.

S. N. --- 1662. Journal de M. de St-Amour, docteur
N° 21. de Sorbonne, de ce qui s'est fait à
Rome dans l'affaire des cinq pro-
positions, imprimé par les soins
dudit sieur de Saint-Amour, en
la présente année.

PARIS. --- 1724. Histoire et recherches des antiqui-
N°s 264 à 266. tés de la ville de Paris, par M.
Henry Sauval, avocat au parle-
ment. -- C. Moetti et C. Chardon.
3 vol.

PARIS. --- 1741. Histoire générale des cérémonies,
N°s 267 à 273. mœurs et coutumes religieuses
de tous les peuples du monde,

représentées en 243 figures, dessinées de la main de Bernard Picard, avec des explications historiques et curieuses, par M. l'abbé Bonnier de l'académie royale des inscriptions et belles-lettres, et par M. l'abbé le Masurier. -- Rollin, fils. 7 vol.

In-4°.

PARIS. — 1607. Recherches de la France, d'Estienne
N° 1.   Pasquier, revues et augmentées d'un livre et de plusieurs chapitres, par le même autheur. --- Laurent Sonius.

PARIS. --- 1631. Inventaire de l'histoire générale des
N° 109.   Turcs, par Michel Baudier. --- Henri Legras.

TOURNAY. — 1639. De Morinis et Morinorum rebus, sil-
N° 106.   vis, paludibus, oppidis, regiâ comitum prosapiâ ac territorii regioque præsulum splendore, viis Cæsareis ac portubus, Cæsarum domicilio, Audomareæ fidei perennitate, templis, monasteriis centum divorum sanctimoniâ, etc. Ex officinâ Adriani Quinque.

COLOGNE. — 1676. Christophi Christophori Sandii nu-
N° 108.   cleus historiæ ecclesiasticæ exhibitus in historiâ Arianorum, tribus libris comprehensâ, etc. --- Apud Joannem Nicolaï.

Nom du lieu et date de l'impression.

PARIS. --- 1728. Histoire du peuple de Dieu, depuis
N° 110 à 114. son origine jusqu'à la naissance
115 à 118. du Messie, et depuis la naissance
du Messie jusqu'à la destruction
de la synagogue, etc., par le père
Isaac-Joseph Berruyer, de la compagnie de Jésus. --- Knoppen,
Cailleau, Saugrain Prault, etc.
7 Vol.

AMSTERDAM.-1744. Histoire des Juifs et des peuples
N°s 124 et 125. voisins, depuis la décadence du
royaume d'Israël et de Juda jusqu'à la mort de Jésus-Christ, par
feu M. Prideau, doyen de Norwich,
traduite de l'anglais. — Henri
Dusauzet. 2 vol.

In-12.

PARIS. — 1587. L'histoire ecclésiastique nommée
N° 419. Trépartite, divisée en douze livres
contenant les nobles et illustres
faits tant des hommes que des
femmes de la primitive église
fidèles en Jésus-Christ, depuis le
temps de Constantin-le-grand jusqu'au temps de Théodose-le-jeune
de nouveau corrigée et mise en
meilleur français qu'auparavant,
par deux docteurs en théologie de
la faculté de Paris. — Ambroise
Drovard.

In-18.

DOUAI. — 1702. Historia heresiarcharum à Christo
N° 422. nato ad nostra usque tempora, etc.

etc., auctore : reverendo admodùm patre Antonio Legrand,
Duacensis, fratrum minorum re-
collectorum Anglorum quondam
ministro provinciali. — Typis
Michaëli Mairesse.

DROIT CIVIL, CANONIQUE & PRIVÉ
ÉCONOMIE POLITIQUE,
TITRES, ORDONNANCES, ETC.

In-folio.

LYON. — 1565. Trias judiciel du second notaire de
N⁰ 19. Jean Papon, conseiller du roi et
lieutenant général au bailliage de
Forest. — Jean de Tournes.

BRUXELLES.- 1673. Examen de la vérité, ou réponse aux
N₀ 16. traités publiés en faveur des droits
de la reine très-chrestienne, sur
divers estats de la monarchie
d'Espagne : composé en espagnol
par don Pedro Gonzalès de Salce-
do, alcade de la cour et maison
royale. Traduit en français par
P. M. A. D. S. C. D. B***. — François Foppens.

PARIS. — 1721. Les lois ecclésiastiques de France
N⁰ 156. dans leur ordre naturel, et une
analyse des livres du droit cano-
nique, conférés avec les usages
de l'église gallicane, par M. Louis

de Hericourt, avocat au parlement de Paris. — Denis Marulte.

LOUVAIN. — 1723. Diplomatum belgicorum nova collectio, sive supplementum ad opera diplomatica Auberti Miræi, etc. curà et studio Joannis Francisci Foppens, Bruxellensis, sanctæ theologiæ licentiati, metropolitanæ ac primatialis ecclesiæ Sancti Rumoldi. — Apùd Petrum Foppens. 4 vol.
Nos 277 à 280.

PARIS. — 1752. Abrégé du recueil des actes, titres et mémoires concernant les affaires du clergé de France. — Guillaume Despretz.
No 281.

In-4º.

Comptes rendus au roi concernant les finances de France depuis 1784 jusqu'en 1788, par M. Necker, Directeur général des finances.
Nos 407 à 410.

PARIS. — 1787. Requête au roi par M. de Calonne.
No 552.

PARIS. — 1789. Vues patriotiques et militaires par M. le comte de St-M*** — Firmin Didot.
No

In-12.

— 1790. Courrier extraordinaire ou le premier arrivé, par Marcel.

Nom du lieu et date de l'impression.

In-18.

STRASBOURG.- 1782. Droit publique d'Allemagne, con-
Nos 412 à 416.   tenant la forme de son gouvernement, les différentes lois, l'élection
le couronnement, etc., de l'empereur et du roi des romains, par
monsieur Jacquet, licencié ès lois
— Simon Kurssner. 3 vol.

In-32.

PARIS.   — 1562. Les quatre livres des institutions
Nº 390.   forenses, ou autrement Pratique
judiciaire de maistre Jean Imbert,
licencié ès droit, translaté de latin
en françois par le mesme auteur
— Pierre Gaulthier.

LYON.   — 1641. Institutionum sive elementorum
Nº 371.   divi Justiniani, sacratissimi prin-
cipis, libri quatuor à Gregorio
Holoandro recens castigati (*Lacérés*).

DESCRIPTIONS ET VOYAGES.

In-folio.

Nom du lieu et date de l'impression.

AMSTERDAM.-1668. Relatio legationis Batavicce socie-
N⁰ 14. tatis indiæ orientalis ad magnum
Tartariæ chamum amstelodami
1668, avec gravures. — Apùd
Jacobum Meurcium.

LA HAYE. — 1692. Voyage de sa majesté britannique
N⁰ 523. en Hollande. — Arnould Leers.

PARIS. — 1827. Relation historique, pittoresque et
statistique du voyage de sa majesté
Charles X, dans le département du
Nord, par M. Charles Durozoir.
— A. Belin.

In-18

ARRAS. — 1598. Les voyages du seigneur de Villa-
N⁰ 428. mont, chevalier de l'ordre de
Hierusalem, gentilhomme du
pays de Bretagne. — Gilles Bau-
duin.

ROME. — 1750. Les merveilles de la ville de Rome
N⁰ 429. où est traité des églises, stations
et reliques des saints qui y sont.
— Ancillon.

GÉOGRAPHIE.

In-folio.

In-4°.

In-18.

POÊTES, OUVRAGES CLASSIQUES ET ÉLÉMENTAIRES, MÉTHODES, ETC.

In-folio.

In-4°.

In-18.

No 483.   du grec. — Chez Florentin et Pierre Delaulne.

AMSTERDAM.-1706. Cornelii Nepotis vitæ excellentium
No 450.   imperatorum, etc., curà et studio Davidis Hoogstratani. — Ex officinà Henrici et viduæ Theodori Boom.

DOUAI.   — 1752. Publii Ovidii Nasonis Tristium libri
No 372.   quinque càm interpretatione et notis. — Typis J. F. Villerval.

ROUEN.   — 1757. Quinti Horatii Flacci carmina, ex-
No 437.   purgata per Josephum Juventium societatis Jesu. — Apùd Nicolaum Lallemant.

DOUAI.   — S. D. Caii Julii Caesaris commentaria de
No 439.   Bello gallico et civili, quibus accessit index geographicus. — Apùd Villerval, collegiorum typographum.

In-24.

ROUEN.   — 1612. Candidatus rhetoricæ à patre Fran-
No 544.   cisco Pomey digestus, in hàc editione novissimà à Josepho Juvencio auctus, emendatus et perpolitus. — Apùd Richardum Lallemand.

DOUAI.   — 1627. Schorus digestus, hoc est delectus
No 384.   latinitatis designatus rudiore exemplo, operà Philiberti Moneti, societatis Jesu. — Ex officinà Balthazaris Belleri.

In-32.

MONS. — 1643. Publii Ovidii Nasonis Métamor-
N° 378.   phoseon libri XV, ab omni obscœ-
            nitate repurgati. — Apùd Lucam
            Rivium.

LILLE. — 1732. Ars rethorica, auctore reverendo
            patre Martino du Cigne, Audo-
            marensi, societatis Jesu. — Apùd
            Joannem-Batistam Brovellio.

ROUEN. — 1758. Cornelius Nepos, vulgò Emilius
N° 392.   Probus, de vità excellentium
            imperatorum. — Apùd Nicolaum
            Lallemant.

DICTIONNAIRES, INDEX.

In-folio.

LONDRES. — 1649. Lexicon Heptaglotton, hebraïcum,
N°s 303 & 304. chaldaïcum, syriacum, samari-
            tanum, Ethiopicum, arabicum
            et persicum, etc., auctore :
            Edmundo Castello. — Imprimebat
            Thomas Roicrost; prostant apùd
            Guillielmun Wels et Robertum
            Scost. 2 vol.

ROTTERDAM. - 1691. Dictionnaire universel, contenant
N°s 517 & 518. généralement tous les mots fran-
            çais, tant vieux que modernes,
            et les termes de toutes les sciences
            et arts, recueilli et composé par

feu messire Antoine Furetière, abbé de Chabicroy, de l'académie française. — Arnould Reinier Leers. 2 vol.

PARIS. — 1726. Dictionnaire universel de la France
Nᵒˢ 197 à 199. ancienne et moderne et de la nouvelle France, traitant tout ce qui y a rapport, etc. — Saugrain Prault. 3 vol.

PARIS. — 1740. Dictionnaire économique, conte-
Nᵒˢ 192 & 193. nant divers moyens d'augmenter son bien et de conserver sa santé, par M. Noël Chomel, prêtre, curé de la paroisse de saint Vincent de Lyon; augmenté d'un très grand nombre de découvertes, par M. Pierre d'Anjou, prêtre. — Vᵉ Etienne. 2 vol.

PARIS. — 1743. Supplément au dictionnaire précité,
Nᵒˢ 195 & 196. considérablement augmenté par divers curieux, enrichi d'un grand nombre de figures. — Vᵉ Etienne. 2 vol.

PARIS. — 1747. Dictionnaire économique contenant
Nᵒ 194 l'art de faire valoir la terre et de mettre à profit les endroits les plus stériles, par M. de la Marre. Goneau Bauche, Etienne frères, d'Houri. 3 vol (*Il manque le 1ᵉʳ et le 3ᵐᵉ volumes.*)

In-4º.

PARIS. — 1681. Officina latinatis seu novum dic-
Nᵒ 39 tionarium latino-gallicum, etc.

Claude Thiboust et Pierre Escla-
sian.

PARIS. — 1733. Novitius, seu dictionarium latino-
Nᵒˢ 12 & 13.   gallicum ad usum serenissimi
Delphini, etc. — Apúd Jacobum
Lambert. 2 vol.

In-12.

AMSTERDAM. - 1662. Dictionnarium tetraglotton novum,
Nᵒ 541.   in quo voces latinæ omnes et
græcæ his respondantes cùm
gallicà et teutonicà singularum
interpretatione, ordine alphabetico, proponuntur, etc., studio et
labore Mathiæ Martinez, Middel-
burgi. - Apúd Tobiam Schipperi.

In-18.

ANVERS. — 1558. Vocabulario, colloquios o dialogo
Nᵒ 427.   en quatro Lenguas, Flamengo,
Frances, Espagnol y italiano, etc.
— Jan Verwithagen.

NAMUR. — 1714 Index, ou catalogue des principaux
Nᵒ 431.   livres condamnés et défendus par
l'église, etc., par le père Hanno,
récollet. — Pierre Hynne.

ÉCRITS DIVERS.

In-12.

PARIS. — 1778. Almanach Royal. — Lebreton.
Nᵒ 147.

In-18.

PARIS.   — 1659. Les délices de l'esprit, dédiées aux
   No 532.   beaux esprits du monde, par
                  J. Desmaretz, divisées en quatre
                  parties. — Florentin Lambert.

COLOGNE. — 1695. Les illustres infortunés, ou aven-
   No 546.   tures galantes des plus grands
                  héros de l'antiquité. — Pierre
                  Marteau.

PARIS.   — 1756. La réalité du projet de Bourg-
   No 553.   Fontaine, démontrée par l'exécu-
                  tion. — Veuve Dupuis.

NIMÈGUES— 1660. Les lettres de M. de Voiture. —
   No 383.   André Hogenhuyse.

SCIENCE HÉRALDIQUE.

In-folio.

PARIS.   — 1660. La vraie et parfaite science des ar-
   No 519.   moiries, ou l'indice armorial de
                  feu maistre Louvan Geliot, advo-
                  cat au parlement de Bourgogne,
                  augmentée par Pierre Palliot,
                  Imprimeur. — Jean Guignard,
                  Guillaume de Luynes, Elie Jossé.

In-4°

BRUXELLES.- 1629. L'estat et comportement des armes,
   No 396.   livre autant utile que nécessaire
                  à tous gentilshommes et hérauts,

et officier d'armes, par M. Jean Scohier, Beaumontois, protonotaire apostolique, chanoine de Bergues. — Jean Mommart.

BRUXELLES.- 1715. Recueil de la noblesse de Bourgo
N° 397.   gne, Limbourg, Luxembourg, Gueldres, Flandres, Artois, Haynauld, Hollande, Zélande, Namur Malines et autres provinces de sa majesté catholique, par Jean Leroux, roi d'armes. — Simon T'Serstevens.

ART ÉQUESTRE.

In-folio.

LONDRES.— 1737. Méthode et invention nouvelles de
N° 525.   dresser les chevaux, par le très-noble et très-puissant prince Guillaume, marquis et comte de Newcastle, vicomte de Mansfield, baron de Bolsover et Ogle, seigneur de Cavendish, Bothel et Hepwel, pair d'Angleterre. — Jean Brindeley.

PARIS.   — 1751. Ecole de cavalerie, contenant la
N° 524.   connaissance, l'instruction et la conservation du cheval, avec figures en taille-douce, par M. de la Guérinière écuyer du roi. — Huart et Moreau fils, Dessain.

MANUSCRITS.

N⁰ 536. — Un dictionnaire sur velin, à 2 colonnes, écrit au treizième siècle.

CATHOLICON. — Immensi omni potenti deo patri et filio et spiritus sancti ;

In millesimo descentisimo-octogesimo sexto. (1286)

Une des plus belles œuvres de peinture calligraphique qui existe.

Les caractères majuscules sont rehaussés d'or, d'azur, de vermillon, et dessinés avec le soin que peuvent seuls expliquer les nombreux loisirs du cloître. 1 Vol. in-folio.

N⁰ 398. — Tableau des révolutions de l'europe, par M. de Koch, professeur à Strasbourg.

Cette histoire commence à l'an 406 et s'étend jusqu'à l'année 1739. 1 Vol. in-12.

N⁰ˢ 399 à 406. — Une histoire législative de l'Allemagne, *écrite en l'honneur, pour le bon plaisir et l'utilité de M. le comte Gabriel de Bernis*, par Louis Taison, de Metz.

Une histoire d'Allemagne, qui va jusqu'à l'an 1765. 6 cahiers in-4⁰.

N⁰ 538. — Un traité de Physique et de Métaphysique.

N⁰ 537. — Physica scripta à Pedro-Adriano Dubois, Amandinati, sub reverendo domino Hadulpho de Bray, religioso monasterii sancti Vedasti, anno 1699. 1 Vol. in-4⁰.

N⁰ 540. — Ethica dictata à reverendo Ambrosio Riche, professore vedastino, recepta verò ab Augustino Tamboise.

OUVRAGES INCOMPLETS.

On a marqué par des *astériques* les ouvrages que l'on souhaite
surtout de voir compléter.

* Nᵒˢ 166 à 190. — Bibliotheca veterun patrum.

Les tomes 25 et 27 manquent. In-folio.

* Nᵒˢ 159 à 155.— Bibliotheca patrum concionatorum.

Le tome 3 manque. In-folio.

* Nᵒˢ 331 et 332.— Collectio nova patrum et scriptorum
grœcorum, operà et studio domini Bernadi de Montfaucon. — Parisiis, sumptibus Claudii Rigaud. 1707.

On n'a que deux premiers volumes. In-folio.

* Nᵒˢ 334 à 340. — Veterum scriptorum et monumentorum historicorum dogmaticorum, moralium, am-
plissima collectio, etc , prodit nunc primùm studio
et operà domini Edmundi Martene et domini Ursini
Durand, presbyterorum monachorum benedictinorum è congregatione sancti Mauri. — Parisiis, Apùd
Montalant. 1724.

Il manque les tomes 1 et 2 et ceux qui viennent après le tome 9.

* Nᵒˢ 126 à 132. — Veterum aliquot scriptorum qui in
Galliæ bibliothecis, maximè Benedictinorum latue-
rant, spicilegium, etc., operà et studio domini Lucæ
Acheris è congregatione sancti Mauri monachi benedictini. — Parisiis, apùd Carolum Savraud. 1668.

Il manque le tome 6. In-4º.

* Nᵒˢ 441 à 444. — Flosculi sanctorum Patrum in
areolas suas distributi, labore et studio Joannis de
la Rusalière, sacerdotis Pictaviensis. — Parisiis,
apùd Michaëlem le Petit et Stephanum Michallet.1660

Le tome 3 manque. In-12.

* Nᵒˢ **200** à **206.** — Dictionnaire de Moreri.

Le tome 4 manque. In-folio.

Nᵒˢ 207 et 208. — Dictionnaire de la Bible par Dom Calmet. 1730.

Il manque les tomes, 1, 4 et suivants. In-folio.

Nᵒˢ 25 et 26. — Dictionnaire de la noblesse.

Les 10 premiers volumes manquent.

Nᵒ 476. — Theologia moralis universa, complectens omnia morum præcepta, à Paulo-Gabriele Antoine, è societate Jesu. — Rotomagi, apùd socios Biblio-polas Richardum Lallemand.

On a que le tome 2. In-18.

Nᵒˢ 470 et 471. — Theologia moralis, etc., auctore admodùm reverendo et eruditissimo patre fratre Leonardo Van Roy, ordinis eremitarum sancti Augustini, etc. — Antverpiæ, typis viduæ Bartholomœi Foppens. 1702.

Le 1ᵉʳ volume manque, on a tome II et III. In-18.

Nᵒˢ 93 à 103. — Continuatio prœlectionum theologicarum Honorati Tournelly, sive tractatus de universà theologià morali. — Parisiis, apùd Viduam Raymundi Mazières et Joannem-Baptistam Garnier.

On a les volumes 1, 2, 3, 4, 5, 6, 7, 8, 10, 11 et 12 ; les autres manquent. In-12.

Nᵒˢ 350 à 353. — Bibliorum sacrorum *habemus* tomos 3ᵐ, 4ᵐ, 5ᵐ et 6ᵐ ; *desunt alteri.*

Magnifique édition. In-folio.

Nᵒˢ 305 à 308. — Poliglotte de Walton.

L'on n'a que les tomes 2, 4, 5 et 6. In-folio.

N⁰ˢ 76 à 90. — Traduction de la Bible, suivant la Vulgate, Bruxelles.

On a les 15 premiers volumes In-4°.

* N⁰ˢ 309 et 310. — Une Bible avec la traduction de Saint-Jérome, d'après l'hébreu et une autre traduction d'après le grec.

On a les tomes 2 et 5. In-folio.

N⁰ 155. — La sainte Bible, traduite de la version latine

L'on a que le tome 2. In-folio.

N⁰ 135. — Commentaire literal sur les livres de l'ancien et du nouveau testament, par Calmet.

* N⁰ˢ 259 à 263. — Bible de dom Calmet.

Il manque le premier volume des psaumes. In-4°.

La même, in-folio.

Il manque les tomes 2, 4, 5 et 6.

N⁰ 134. — Le nouveau Testament, épîtres de l'apôtre St-Paul. — Paris, François Muguet. 1687.

Le 1ᵉʳ volume manque. In-4°.

N⁰ˢ 447 à 449. — Le nouveau Testament en français, avec des réflexions morales sur chaque verset, etc. — Bruxelles, Eugène-Henri Frick. 1700.

Le premier volume manque. In-18.

N⁰   . — Commentarii Joannis Marianæ, è societate Jesu, in Bibliis.

On n'a que le tome 2. In-folio.

N⁰ˢ 148 et 149. — Jacobi Tirini, Antverpiani, è societate Jesu commentarii in sanctam scripturam, etc., etc. — Antverpiæ, apùd Martinum Mutium. 1632.

On a les tomes 2 et 3. In-folio.

N°s 237 — Leonardi Marii, sanctæ theologiæ doctoris et in universitate Coloniæ professoris ordinarii, in universam sanctam scripturam commentarii, etc. — Coloniæ Agrippinæ. Typis Albini Dusseldorfii. 1620.

On a deux exemplaires du 1er volume et les autres manquent. In-folio.

N° 276· — Divi Gregorii Nanzianzeni, cognomento Theologi, opera omnia quæ ·exstant. — Parisiis, apùd Nicolaum Chevoseau. 1583.

L'on n'a que le tome 2. In-folio.

N° 283. — Magni Aurelii Cassiodori, senatoris, viri patricii-consularis et Vivariensis abbatis, opera omnia, etc., curà et studio J. Garetii, monachi ordinis sancti Benedicti è congregatione sancti Mauri. — Rotomagi, impensis, Antonii Dezallier. 1679.

Le 1er volume manque. In-folio.

N°s 342 à 344. — Sancti Gregorii, papæ I, cognomento Magni, opera omnia, studio monachorum ordinis sancti benedicti è congregatione sancti Mauri. — Parisiis, sumptibus Claudii Rigaud. 1705.

On a les tomes 2, 3 et 4. In-folio.

* N°s 288 à 299. — Saint Chrisostôme.

Le 3e volume manque : on a ensuite tous les autres volumes jusqu'au 13e inclusivement. In-folio·

N°s 312 et 313. — Saint Athanase. Opera Paris. 1698.

On a les tomes 1 et 2. In-folio.

* N°s 316 à 319. — Saint Augustin.

On a les tomes 3, 4, 5 et 10. In-folio.

N° 223. — Hexaptorum Origenis quæ supersunt, etc., eruit dominus Bernardus de Montfaucon. — Parisiis, apùd Ludovicum Guérin, etc. 1713.

On n'a que le tome 1. In-folio.

N°s 314 et 315. — Jacobi Sirmondi, societatis Jesu presbyteri, opera varia. — Parisiis, ex typographiâ regiâ. 1696.

On a les tomes 1 et 3. In-folio.

N° 27. — Historiæ Alosii Lipo, Mani, episcopi Veronensis, de vitis sanctorum. — Lovanii, apùd Petrum Sangrium.

L'on ne possède que la deuxième partie, In-4°.

N°s 120 à 123. — Histoire ancienne de Rollin. — Paris, Ve Estienne. 1740.

On n'a que les volumes 3, 4, 5 et 6. In-4°.

* N°s 40 à 75. — Histoire ecclésiastique, par l'abbé Fleuri.

Il manque les tomes 2, 3, 15, 17, 37 et suivants et l'on a en double les tomes 1, 4, 11 et 14. In-4°

N° 119. — Histoire de Calais.

On n'a que le 2° volume.

N°s 508 à 515. — Histoire moderne des Chinois, des Japonais, des Indiens, des Persans, des Turcs, des Russiens, etc.; pour servir de suite à l'histoire ancienne de M. Rollin. 1756.

On a les volumes 3, 6, 7, 8, 13, 14, 15, et 29. In-18.

* N°s 202 à 206. — Histoire générale du Haynauld.

Il manque le tome 2. In-18.

N°s 32 et 33. — Œuvres de Montesquieu.

Nous n'avons que les tomes 1 et 3. In-4°

N°s 138 à 146. — Neuf volumes du Mercure Universel, donnant les mois d'octobre, novembre et décembre 1791, janvier, mars, avril, mai, juin et juillet 1792.

* Causes célèbres et intéressantes avec les jugemens qui les ont décidées, etc.

Il manque les tomes 1, 6, 7, 11, 12, 13, 14, 15 et 17. In-18.

Nº 320. — Vetus Italica.

On n'a que le tome 2. In-folio.

Nᵒˢ 3 à 5. — *Habiamo* delle comedie di Carlo Goldoni, advocato Veneto, *tomo* 14. In-18.

Instruction chrestienne sur les mystères de notre Seigneur Jésus-Christ, et sur les principales festes de l'année. — Paris, André Pralard. 1673.

On n'a que les tomes 2, 3 et 4.

Nº 37. — Catéchisme du révérend père Loys de Grenade, de l'ordre de St-Dominique, etc. Traduit de l'espagnol, par Gabriël Chapuis, secrétaire, interprète du roi. — Paris, Robert Favet. 1602.

On ne possède que le 2ᵉ livre.

Nº 10. — Les exercices de la vertu et de la perfection par le révérend père Alphonse Rodiguez, jésuite. — Paris, Jean-Baptiste Coignard. 1680.

On n'a que le 1ᵉʳ volume. In-4º.

44 autres volumes dépareillés, en mauvais état et de peu d'importance.

RÈGLEMENT

DE LA

BIBLIOTHÈQUE COMMUNALE.

ARTICLE 1ᵉʳ. — La Bibliothèque communale de St-Amand est publique; tous les habitants ont le droit d'en user en se conformant au règlement.

ART. 2. — La Bibliothèque est ouverte au public tous les jours autres que les dimanches et les jours fériés, de 2 à 4 heures du soir.

ART. 3. — Tout livre pris à la Bibliothèque devra y être représenté au bout d'un mois au plus, néanmoins le détenteur pourra le conserver s'il n'est demandé par personne.

ART. 4. — Toute personne qui voudra obtenir des livres, devra au préalable se munir d'un catalogue; le prix de ce catalogue est fixé à 40 cent.

ART. 5. — Dans le but de subvenir aux frais d'entretien des livres, une rétribution de 5 cent. par volume et par quinzaine ou fraction de quinzaine sera payée par les emprunteurs.

Art. 6. — Par mesure d'ordre, les livres sortis de la Bibliothèque devront y rentrer une fois tous les ans, du premier au quinze septembre.

Art. 7. — Tous les livres et manuscrits provenant de la Bibliothèque de l'Abbaye ne pourront sortir.

Art, 8. — Tout ouvrage illustré ne pourra sortir sans une permission spéciale du comité administrateur.

Art 9. — Tout livre détérioré ou souillé par des annotations à l'encre ou au crayon, sera remplacé aux frais du détenteur.

Art. 10. — Toute personne emportant un ouvrage sera tenue d'en donner un reçu sur un registre spécial.

Art. 11. — Les jeunes gens âgés de moins de 15 ans ne pourront emporter des livres s'ils n'y sont autorisés par écrit de leurs parents.

Art. 12 — Le présent règlement sera inséré en tête du nouveau catalogue.

CATALOGUE

DE LA

BIBLIOTHÈQUE COMMUNALE.

SÉRIE A.

RELIGION, THÉOLOGIE.

N° 1. — Traité de l'existence de Dieu, par Fénelon. 1 Vol.

N° 2. — Explications des prières et des cérémonies de la messe, par le P. P. Lebrun. 2 Vol.

N° 3. — Sancti Joannis Chrysostomi opera selecta. 1 Vol.

N° 4. — Les abbés de St-Bertin, par Henri Laplace. 2 Vol.

SÉRIE B.

LÉGISLATION, JURISPRUDENCE.

No 1. — La Contrainte par corps, par Jules Fleury. 1 Vol.

No 2. — Le Véritable Conseiller en affaires, Manuel de Législation théorique et pratique. 1 Vol.

No 3. — Code annoté et Guide spécial des Tribunaux de simple police, par Vuatiné, juge de paix. 1 Vol.

No 4. — Procès-verbal sur la coutume du baillage de Tournai, du 17 Juillet 1615. 1 Vol.

No 5. — Histoire du Parlement de Tournai, par Mathieu Pinault. 1 Vol.

No 6. Recueil d'actes du XIIe et XIIIe siècle en langue romane et wallonne du Nord de la France, publié par Talliar. 1849. 1 Vol.

No 7. — Le Manquet, Mémoire pour l'administration municipale de St-Amand, contre M. de Visme. 1857. 1 Vol.

No 8. — Coutumes de la ville et terre de St-Amand en Pévèle. 1 Vol.

No 9. — Déclaration des terres *dorentes*, droit de dîmes à Messeigneurs de l'Abbaye de St-Amand. 1 Vol.

No 10. — Rapport de M. le conseiller Langlois sur le recours comme d'abus, formé par S. E. M. le Garde des Sceaux :
1° Contre l'Évêque de Moulins.
2° Contre le Cardinal Archevêque de Besançon.
1 Vol.

N° 11 — Mémoire pour MM. les Prévôts et Echevins de la ville de St-Amand, contre les habitants du hameau de La Bruyère. 1787. 1 Vol.

N° 12. — Traité des élections et de l'organisation municipales, par le Mis de St-Hermine. 1 Vol.

N° 13. — Exposé de l'origine et de l'administration de la grande voierie jusqu'en 1790, par Peigue. 1857. 1 Vol.

N° 14. — Les Militaires blessés et les Invalides, par le Cte de Riencourt. 2 Vol.

SÉRIE C.

POLITIQUE, ÉCONOMIE POLITIQUE, PHILOSOPHIE, MORALE.

N° 1. — Pensées de Pascal. 1 Volume.

N° 2. — Lettres Provinciales par Pascal. 1 Vol.

N° 3. — De l'Éducation des Filles, par Fénelon. 1 Vol.

N° 4. — Grandeur et décadence des Romains, par Montesquieu. 1 Vol.

N° 5. — Esprit des lois, par Montesquieu. 1 Vol.

N° 6. — Traité des études, par Rollin. 3 Vol.

N° 7. — Études et Discours historiques sur la chûte de l'Empire Romain, par Chateaubriand. 1 Vol.

N° 8. — Émile ou l'Éducation, par J.-J. Rousseau. 1 Vol.

N° 9. — Les Confessions, par J.-J. Rousseau. 1 Vol.

N° 10. — Des Compensations dans les destinées humaines, par H. Azaïs. 1 Vol.

N° 11. — Entretiens d'un vieux notaire de campagne et d'un cultivateur au sujet de l'échange des rentes 4 1/2 % contre du 3 %, par Cucheval-Clarigny. 1 Vol.

N° 12. — La Force de la Presse, par Jules Fleury. 1 Vol.

N° 13. — Association agricole de drainage pour le département de l'Oise. 1 Vol.

N° 14. — Les Avantages de la réunion territoriale, par L. Gossin. 1 Vol.

Nº 15. — Epargne et Prévoyance. Lettre à un jeune laboureur, par L. L***. 1 Vol.

Nº 16. — Observations sur le Gouvernement représentatif. 1 Vol.

Nº 17. — Exposé pratique des opérations foncières de la Société du Crédit foncier international et de la Banque du crédit foncier industriel. 1 Vol.

Nº 18. — Réponse à M. Vitet, à propos de l'enseignement des arts, du dessin, par Viollet-Le Duc. 1 Vol.

Nº 19. — Recherches historiques sur les enseignements des maisons particulières. 1 Vol.

Nº 20. — Petits chefs-d'œuvres (Discours sur l'inégalité parmi les hommes; du contrat social, etc.), par J.-J. Rousseau. 1 Vol.

Nº 21. — L'Ouvrière, par Jules Simon. 1 Vol.

Nº 22. — Loisirs politiques de Henri Marotte. 1 Vol.

Nº 23. — L'Église et l'Empire Romain au IV siècle, par Albert de Broglie. 1 Vol.

Nº 24. — L'A, B, C du travailleur, par Ed. About. 1 Vol.

Nº 25. — Nos Fils, par Michelet. 1 Vol.

Nº 26. — La Femme, id. 1 Vol.

Nº 27. — L'Amour, id. 1 Vol.

Nº 28. — De la Propriété, par M. Thiers, 1 Vol.

Nº 29. — Faire prospérer la France. 1 Vol.

Nº 30. — Des Assurances agricoles, par Alfred de Courcy. 1 Vol.

Nº 31. — Épreuves du cœur humain, par Ad. Houdetot, 1 Vol.

Nº 32. — Le Devoir, par Jules Simon. 1 Vol.

N° 33. — La Science politique du bonhomme Richard, 1 Vol.

N° 34. — Code de l'ouvrier, par Mollot. 1 Vol.

N° 35. — Morale (encyclopédie Roret). 1 Vol.

N° 36. — Histoire de la civilisation en France. 1 Vol.

N° 37. — Essai sur l'Histoire du Tiers-État, par Augustin Thierry. 1 Vol.

N° 38. — L'ancien régime et la révolution, par Tocqueville. 1 Vol.

N° 39. — Un grand peuple qui se relève, par le Comte Agénor de Gasparin. 1 Vol.

N° 40. — L'Égalité, par le Comte Agénor de Gasparin, 1 Vol.

N° 41. — La Famille,   id.   id. 2 Vol.

N° 42. — La Conscience,   id.   id. 1 Vol.

N° 43. — L'Ennemi des Familles,   id. 1 Vol.

N° 44. — La Liberté morale,   id. 2 Vol.

N° 45. — Traité de l'émigration et de la colonisation au Brésil, par Charles Expilly. 1 Vol.

N° 46. — Histoire de la colonisation pénale et des établissements de l'Angleterre en Australie, par le Marquis de Blosseville. 1 Vol.

N° 47. — La Morale chez les Chinois, par L. Auguste Martin. 1 Vol.

N° 48. — Lettre à un matérialiste sur la pluralité des mondes, par J. Boiteux. 1 Vol.

Nº 49. — L'Amérique devant l'Europe, par le Comte de Gasparin. 1 Vol.

Nº 50. — Du Darwinisme, par le Docteur Constantin James. 1 Vol.

Nº 51. — Économie politique populaire, par Baudrillart. 1 Vol.

Nº 52. — L'Idée de Dieu, par Caro. 1 Vol.

Nº 53. — De l'influence de l'éducation sur la moralité et le bien-être des classes laborieuses, par Descilligny. 1 Vol.

Nº 54. — La société et les mœurs Allemandes, par Tissot. 1 Vol.

Nº 55. — La morale en action par l'histoire, par E. Muller. 1 Vol.

Nº 56. — Le monde où nous vivons, par Maury. 1 Vol.

Nº 57. — Les États-Unis contemporains, par Claudio Jannet. 1 Vol.

Nº 58. — La Famille et la Société en France avant la Révolution, par Joseph Albanel. 2 Vol.

Nº 59. — Études Neerlandaises, par Ernest Thorin. 1 Vol.

Nº 60. — La Loi absolue du devoir et la destinée humaine, par J. Rambosson. 1 Vol.

Nº 61. — Les Anglais et l'Inde, par E. de Valbezen. 2 Vol.

Nº 62. — Histoire de la mode, par Auguste Challamel, 1 Vol.

Nº 63. — La Question des Tours, par le Docteur Isnard. 1 Vol.

Nº 64. — Conseils aux ouvriers sur les moyens d'améliorer leur condition, par Th. H. Barrau. 1 Vol.

Nº 65. — Les Ouvriers d'à présent et la nouvelle économie du travail, par A. Audiganne. 1 Vol.

Nº 66. — L'Homme selon la science, par L. Büchner. 1 Vol.

Nº 67. — Nos Filles et nos Fils, par Ernest Legouvé. 1 Vol.

Nº 68. — L'Art de la lecture,   id.
1 Vol.

Nº 69. — Histoire du merveilleux dans les temps modernes, par L. Figuier. 4 Vol.

Nº 70. — Œuvres de Paul-Louis Courrier, précédées de sa vie, par Armand Carrel. 1 Vol.

Nº 71. — Caractères de la Bruyère, suivis des Caractères de Théophraste. 1 Vol.

Nº 72. — Analyse raisonnée de l'histoire de France, par Chateaubriand. 1 Vol.

Nº 73. — Les Chemins vicinaux, par le Mis d'Havrincourt. 1 Vol.

Nº 74. — Discours de M. le Mis d'Havrincourt, Député au Corps législative, dans sa séance du 29 Mars 1865. 1 Vol.

Nº 75. — Discours de M. le Mis d'Havrincourt, Député au Corps législatif, dans la séance du 22 Juin 1865. 1 Vol.

Nº 76. — La Grèce contemporaine, par E. About. 1 vol.

Nº 77. — Rome contemporaine   id.   1 Vol.

No 78. — Le Progrès, par E. About. 1 vol.

No 79. — Les Titres de la dynastie impériale. 1868. 1 vol.

No 80. — Histoire de la nationalité française, par Buchez. 2 vol.

No 81. — Rapport sur le crédit foncier, par Dumas. 1851. 1 vol.

No 82. — Matérialisme et spiritualisme, par le Dr Isnard. 1 vol.

SÉRIE D.

SCIENCES PHYSIQUES & CHIMIQUES.

Nᵒ 1. — Découvertes modernes, par L. Figuier. 4 Vol.

Nᵒ 2. — Les Grandes Inventions modernes, id.   1 Vol.

Nᵒ 3. — Les Savants du Foyer, par   id. 1 Vol.

Nᵒ 4. — Les Grandes Inventions modernes, id.   1 Vol.

Nᵒ 5. — L'année scientifique,   id. 21 Vol.

Nᵒ 6. — Histoire de la découverte et de l'exploitation de la houille dans le Hainaut français, dans la Flandre française et dans l'Artois, par Ed. Grar. 3 Vol.

Nᵒ 7. — Traité complet de Photographie sur collodion, par Alphonse Brebisson. 1855. 1 Vol.

Nᵒ 8. — Les Merveilles de la Science, par L. Figuier. 4 Vol.

Nᵒ 9. — Les Merveilles de l'Industrie. 4 Vol.

Nᵒ 10. — Les Phénomènes terrestres, (Les Mers et les Météores) par Elisée Reclus. 1 Vol.

Nᵒ 11. — Les Phénomènes terrestres (Les Continents) 1 Vol.

SÉRIE E.

SCIENCES NATURELLES, AGRICULTURE.

N° 1. — Les chevaux du Sahara, par le Général Daumas. 1 Vol.

N° 2. — La maison rustique du XIXᵉ siècle. 5 Vol.

N° 3. — Cours d'agriculture par Mʳ le Cᵗᵉ de Gasparin. 5 Vol.

N° 4. — Œuvres choisies de Buffon. 2 Vol.

N° 5. — Études de la nature, par Bernardin de Saint-Pierre. 1 Vol.

N° 6. — Le poulailler, par Charles Jacques. 1 Vol.

N° 7. — Manuel pratique de jardinage, par Courtois Gérard. 1 Vol.

N° 8. — Longévité humaine, par Flourens. 1 Vol.

N° 9. — La terre avant le déluge. 1 Vol.

N° 10. — Mémoire sur la plantation du blé. 1 Vol.

N° 11. — Concours pour les bonnes observations sur les insectes nuisibles à l'agriculture. 1 Vol.

N° 12. — Histoire générale du développement des corps organisés, par Coste. 1 Vol.

N° 13. — La terre et les mers par L. Figuier. 1 Vol.

N° 14. — Zoophytes et mollusques   id.   1 Vol.

N° 15. — Poissons, reptiles et oiseaux, id.   1 Vol.

N° 16. — L'arboriculture fruitière, par Gressent. 1 Vol.

N° 17. — Le potager moderne, par Gressent. 1 Vol.

N° 18. — La vie et les mœurs des animaux par Louis Figuier. (Zoophytes et Mollusques) 1 Vol.

N° 19. — Les mammifères, par L. Figuier. 1 Vol.

N° 20. — La mer, par Michelet. 1 Vol.

N° 21. -- L'insecte,   id.   1 Vol.

N° 22. — Les insectes, par L. Figuier. 1 Vol.

N° 23. — L'homme primitif,   id.   1 Vol.

N° 24. — Les races humaines,   id.   1 Vol.

N° 25. — Bulletin du conseil supérieur d'agriculture de la Belgique. 5 Vol.

N° 26. — Compte rendu de l'exécution du décret du 3 Octobre 1848, relatif à l'enseignement professionnel de l'agriculture. 1 Vol.

N° 27. — Vacherie nationale du Pin, (Orne) par J. Lecoulteulx. 1 Vol.

N° 28. — Mémoires de la Société d'agriculture de Valenciennes. 9 Vol.

N° 29. — Solennités agricoles de Valenciennes du 9 au 21 septembre 1852. 1 Vol.

N° 30. — Revue agricole du Nord. 6 Vol.

N° 31. — Etudes sur les chevaux français, par Fouquier d'Hérouel. 1 Vol.

N° 32. —Notice sur une irrigation, par Batailler. 1 Vol.

N° 33. — Animaux nuisibles à l'agriculture, publié par la Société d'agriculture de Douai. 1 Vol.

N° 34. — Congrès des agriculteurs du Nord de la France. 1 Vol.

N° 35. — Guanos artificiels spéciaux, par E. Derrieu. 1 Vol.

No 36. — Le concours de Poissy, 1853. 1 Vol.

No 37. — Exposition agricole du Nord à Valenciennes, 1852. 1 Vol.

No 38. — Lettre sur le drainage. 1 Vol.

No 39. — Mémoire sur le pancréas, par Claude Bernard. 1 Vol.

No 40. — Recherches anatomiques sur l'urètre, par Jarjavay. 1 Vol.

No 41. — Vade-mecum du Coléoptérologue débutant, par Delaplace. 1 Vol.

No 42. — Mémoire sur la conservation des bois, par Boucherie. 1 Vol.

No 43. — Tableau méthodique et synonymique des Coléoptères des environs d'Abbeville. 1 Vol.

No 44. — Histoire naturelle des Coléoptères de France par Mulsant. 1 Vol.

No 45. — Traité théorique et pratique de l'épuisement pur et simple de l'économie humaine, par le Dr Sallenave. I Vol.

No 46. — L'oiseau, par Michelet. 1 Vol.

No 47. — Le noir animal, par Bobièvre. I Vol.

No 48. — Histoire d'un brin d'herbe, par Jules Macé. I Vol.

No 49. — Mémoire sur la rivière de Scarpe, sa navigation et le dessèchement de la vallée de la Scarpe, par A. Chotteau. 1 Vol.

No 50. — Discours sur les révolutions du globe par Cuvier. 1 Vol.

No 51. — Les animaux de la France, par Victor Rendu I vol.

N⁰ 52. — Le jardin d'acclimatation, par Grimard. 1 vol.

N⁰ 53. — Statistique agricole et industrielle de l'arrondissement de Valenciennes, par Bonnier. 1862. 1 vol.

N⁰ 54. — Question des sucres par le Mis d'Havrincourt. 1862. 2 vol.

N⁰ 55. — Les serviteurs de l'estomac, par Jean Macé. 1 vol.

N⁰ 56. — Histoire d'une bouchée de pain. 1 vol.

N⁰ 57. — Compte rendu des opérations des concours et du rendement des animaux primés à Poissy et à Lyon. 1847. 1 vol.

SÉRIE F.

SCIENCES MÉDICALES, HYGIÈNE.

Nᵒ 1. — Établissement des fontaines minérales de St-Amand, par Mr le Révérendissime prélat de cette ville. 1683. I Vol.

Nᵒ 2. — La vraie panacée présentée à Louis-le-Grand, avec la vraie analyse des Eaux Minérales de Saint-Amand, par de Heroguelle. I Vol.

Nᵒ 3. — Réponse à la lettre de M. Brassart, médecin, pensionnaire de la Ville et Abbaye de Saint-Amand, par Jacques. 1700. I Vol.

Nᵒ 4. — Traité des Eaux Minérales de Saint-Amand, par Mignot. I Vol.

Nᵒ 5. — Le Temple d'Esculape rétabli, ou le Journal de ce qui s'est passé de plus particulier aux Eaux Minérales de Saint-Amand, pendant l'année 1700. Valenciennes. I Vol.

Nᵒ 6. — Traité des Eaux Minérales de la Fontaine-Bouillon-lez-Saint-Amand, par Brassart. 1714. I Vol.

Nᵒ 7. — Description d'une source froide, ferrugineuse, sulfureuse et vitriolique, nouvellement découverte aux Eaux Minérales de Saint-Amand. En 1720, par J.-J. Brassart. I Vol.

Nᵒ 8. — Essai physique sur les Eaux de Saint-Amand, par Bouginé. I Vol.

Nᵒ 9. — Observations sur les Eaux Minérales de Saint-Amand, par Gosse. 1750. I Vol.

N° 10. — Essai historique et analytique des Eaux et des Boues de Saint-Amand, par Demilleville. 1767. I Vol.

N° II. — Apologie des Eaux Minérales de Saint-Amand, par Trécourt. 1775. I Vol.

N° 12. — Notice sur les Eaux et Boues thermales et minérales de Saint-Amand, par Bottin, Lille, 1805. I Vol.

N° 13. — Essai sur les propriétés physiques et curatives des Eaux de Saint-Amand, par Pierre-Paul Bouginé. 1861. I Vol.

N° 14. — Essai historique et analytique des Eaux et des Boues de Saint-Amand, par Desmilleville. I Vol.

N° 15. — Rapport de l'Académie royale de médecine, sur le Choléra morbus. 1831. I Vol.

N° 16. — Nouveau traité des rétentions d'urine, par Dubouchet. 1834. I vol.

N° 17. — Les Eaux Minérales de Saint-Amand, par le Docteur Isnard. 1869. I vol,

N° 18. — Nouveau traité de matière médicale, de Thérapeutique et de Pharmacie, par Tabourin. 1853. I vol.

N° 19. —. Clinique médicale de Montpellier, par le Docteur Hubert Rodrigues. 1855.

N° 20. — Nouvelles études chimiques, physiologiques et médicales, sur les substances albuminoïdes, par Denis de Commercy. I vol.

N° 21. — Guide pratique aux principales Eaux Minérales de France, de Belgique. etc.., par Const. James. I vol.

No 22. — Encyclopédie de la santé. La médecine des accidents, par J. Massé. I Vol.

No 23. — Encyclopédie de la santé. Cours d'hygiène populaire, par J. Massé. I Vol.

No 24. — Notice sur les maladies du système nerveux. I Vol.

No 25. — L'Œdème dans la pleurésie par Jules Gardin. I Vol.

No 26. — Nouveau traité théorique et pratique de l'art des accouchements, par P. Cazeaux. 1856. I Vol.

No 27. — Traité théorique et pratique de l'épuisement de l'économie humaine, par le Docteur Sallenave. 1855. I Vol.

No 28. — Encyclopédie de la santé, avis au clergé. par Jules Massé. I Vol.

SÉRIE G.

SCIENCES MATHÉMATIQUES,
TENUE DES LIVRES & DU COMMERCE,
ASTRONOMIE, ART MILITAIRE.

Nᵒ 1. — Enquête sur les fils et tissus de lin et de chanvre. 1838. 1 Vol.

Nᵒ 2. — Enquête relative à diverses prohibitions établies à l'entrée des produits étrangers. 1835. 1 Vol.

Nᵒ 3. — Statistique de la France, publiée par le Ministre des travaux publics, de l'agriculture et du commerce. 1837. 1 Vol.

Nᵒ 4. — Travaux de la commission d'enquête de la Chambre des Députés (1835) sur les tabacs. 1 Vol.

Nᵒ 5. — Résumé des travaux statistiques de l'Administration des Mines en 1838-1842. 1 Vol.

Nᵒ 6. — Dictionnaire d'astronomie à l'usage des gens du monde, par Mʳ Guynemer. 1857. 1 Vol.

Nᵒ 7. — Éléments de géométrie, par Famin. 1 Vol.

Nᵒ 8. — Du coton, du chanvre, du lin et des laines en Italie. Rapport par Henri Carcenac. 1869. 1 Vol.

Nᵒ 10. — Études et lectures sur les Sciences d'observation, par Babinet. 7 Vol.

Nᵒ 11. — Catalogue de machines, instruments et outils. 1 Vol.

Nº 12. — Un orama familier offrant aux yeux et à l'esprit tout ce que l'astronomie physique et géographique renferme de plus curieux, par Ch. Roux. I Vol.

Nº 13. — Examen critique de l'organisation et de la compétence des tribunaux de commerce, par Ed. Grar 1831. I Vol.

Nº 14. — Instruction théorique et pratique de la science de l'ingénieur, par J. Claudel. I Vol.

Nº 15. — La Tenue des livres, ou nouveau traité de Comptabilité, par Ed. Desgranges. 1855. I Vol.

SÉRIE H.

BEAUX-ARTS.

N⁰ 1. — Histoire de l'art monumental dans l'antiquité et au moyen âge, par L. Batissier. 1848. I Vol.

N⁰ 2. — Histoire de l'architecture religieuse au moyen âge, par de Caumont. 1841. I Vol. (Avec un Atlas).

N⁰ 3. — Manuel d'archéologie religieuse, civile et militaire, par Oudin.

N⁰ 4. — Histoire de Paris et de ses Monuments, par Dulaure. I Vol.

N⁰ 5. — Pompéïa décrite et dessinée, par Ernest Bretet. I Vol.

N⁰ 6. — Note sur une marque de faïence contestée par le Dr Alfred Lejeal et M. J. D. 1865. I Vol.

N⁰ 7. — Calvados pittoresque et monumental, dessins d'après nature, par F. Thorigny. 1847. I Vol.

N⁰ 8. — Album de Sujets rustiques par Adrien Lavielle. 1853. I Vol.

N⁰ 9. — Etudes de l'Architecture chrétienne. (1re, 2e et 3e livraisons). I Vol,

N⁰ 10. — L'Artiste (Peinture, Sculpture, Architecture) 1864. 2 Vol.

N⁰ 11. — Rubens et l'École d'Anvers, par Alfred Michiels. 1854. I Vol.

N⁰ 12. — Catalogue des tableaux et dessins de Rubens par Alfred Michiels. 1854. I Vol.

N° 13. — Recherches historiques sur les manufactures de faïence et de porcelaine de l'arrondissement de Valenciennes, par le Dr Alfred Lejeal. 1868. 1 Vol.

N° 14. — Histoire de l'art en France. I Vol.

N° 15. — Catalogue général et raisonné des camées et pierres gravées de la bibliothèque impériale, par Chabouillet. I Vol.

N° 16 — Rapport fait à l'Académie des Inscriptions et Belles-Lettres, au nom de la Commission des antiquités de France, par Berger de Xivrey. 1854. 1 Vol.

N° 17. — Souvenir numismatique de la Révolution de 1848. 1 Vol.

N° 18. — La Gravure à l'eau forte, par Raoul de St-Avroman, 1876. I Vol.

N° 19. — Paris, (Album historique et monumental) divisé en 20 arrondissements par MM. Lepes et Ch. Bertrand. I Vol.

N° 20. — Traité de l'harmonie, par François Bazin. I Vol.

N° 21. — Théatre d'honneur et de magnificence pré-préparé au sacre des rois. 1643. I Vol.

N° 22. — Légende du Juif-Errant, compositions et dessins par Gustave Doré. 1856. I Vol.

N° 23. — Artistes anciens et modernes, par Charles Clément. I Vol.

N° 24. — Exposition de Valenciennes ; Revue du Salon de 1835. Examen critique par Bernard. I Vol.

N° 25. — Manuel de Numismatique ancienne par M. Hermin. 2 Vol.

SÉRIE I.

ARTS MÉCANIQUES, MÉTIERS, INDUSTRIE, EXERCICES GYMNASTIQUES.

No 1. — Encyclopédie Roret. — Menuiserie simplifiée. I Vol.

No 2. — Les grandes usines, par Turgan. I Vol.

No. 3. — Rapport du jury central, sur les produits de l'Industrie Française, exposés en 1834, par le Baron Ch. Dupin. 3 Vol.

No 4. — Rapport du jury central de l'exposition des produits de l'Industrie Française en 1839. 3 Vol.

No 5. — Annales de l'industrie nationale et étrangère, ou Mercure technologique, par MM. Le Normand et de Moléon. 24 Vol.

No 6. — Annales de l'industrie, Exposition de 1849, par Le Normand et de Moléon. I Vol.

No 7. — Table alphabétique des matières contenues dans les 27 volumes des annales de l'Industrie Française, par Le Normand et de Moléon. I Vol.

SÉRIE J.

LINGUISTIQUE, RHÉTORIQUE
ÉLOQUENCE SACRÉE & PROFANE.

N° 1. — Oraisons funèbres de Bossuet, de Fléchier et de Mascaron. 1 Vol.

N° 2. — Discours sur l'histoire universelle, par Bossuet. 1 Vol.

N° 3. — Sermons choisis de Bossuet, par l'Abbé Maury. 1 Vol.

N° 4. — Le petit carème et sermons de Massillon. 1 Vol.

N° 5. — Discours, messages et proclamations de l'Empereur. 1860. 1 Vol.

N° 6. — Tableau de l'éloquence chrétienne, au 4me siècle, par Villemain. 1 Vol.

N° 7. — Langue universelle et analytique, par Vidal. 1845. 1 Vol.

N° 8. — Histoire de la littérature Italienne, par L. Étienne. 1 Vol.

N° 9. — Histoire de la littérature, chez les Indous, par L. Enault.

N° 10. — Histoire des littératures étrangères, par A. Bougeault. 1 Vol.

N° 11. — Discours, messages et proclamations de l'Empereur. 1 Vol.

N° 12. — L'art de la lecture, par H. Legouvé. 1 Vol.

SÉRIE K.

POÉSIE.

Nᵒ 1. — Henriade et poésies de Voltaire. 1 Vol.

Nᵒ 2. — Poésies de Malherbe, J.-B. Rousseau et Lebrun. 1 Vol.

Nᵒ 3. — Poésies de Louis Racine (Poèmes de la religion, de la grâce, odes sacrées, etc). 1 Vol.

Nᵒ 4. — La Gérusalemne liberata e l'Aminta du Torquato Tasso. 1 Vol.

Nᵒ 5. — Jocelyn, par de Lamartine. 1 Vol.

Nᵒ 6. — Premières méditations poétiques, par de Lamartine. 1 Vol,

Nᵒ 7. — Œuvres de Boileau. 1 Vol.

Nᵒ 8. — La divina comedia di Dante-Alighieri. 1 Vol.

Nᵒ 9. — L'Orlando furioso di Ariosto. 2 Vol.

Nᵒ 10. — Le rime de Francesco Petrarco. 1 Vol.

Nᵒ 11. — Mort de Socrate. — Dernier chant du pélérinage d'Harold. — Premières harmonies poétiques et religieuses, par de Lamartine. 1 Vol.

Nᵒ 12. — Harmonies poétiques et religieuses. — Contre la peine de mort. — La chûte du Rhin, par de Lamartine. 1 Vol.

Nᵒ 13. — Épîtres et poésies diverses, par de Lamartine. 1 Vol.

Nᵒ 14. — La chûte d'un Ange, par de Lamartine. 1 Voᵗ.

Nº 15. — La pêche d'Islande, par de Courmaceul. 1855.
I Vol.

Nº 16.   Souvenirs poétiques, par Smet. I Vol.

Nº 17. — La divine comédie, par Dante-Alighieri,
I vol.

Nº 18. — La Jérusalem délivrée, par Tasse. I Vol.

Nº 19. — Poésies maggyares, par A. Desbordes et de
Ujfalvy. 2 Vol.

Nº 20. — Chants du soldat, par Paul Déroulède. 2 Vol.

Nº 21. — Siège de Valenciennes en 1793. Poème par
Henri Caffiaux. 1843. I Vol.

Nº 22. — Toussaint Louverture, par A. de Lamartine.
I Vol.

SÉRIE L.

ART DRAMATIQUE, THÉATRE.

Nº 1. — Théâtre de Pierre et Thomas Corneille. 2 Vol.

Nº 2. — Théâtre complet de Racine. 1 Vol.

Nº 3. — Œuvres de Molière. 2 Vol.

Nº 4. — Théâtre complet de Voltaire. 1 Vol.

Nº 5. — Théâtre de Regnard. 1 Vol.

Nº 6. — Œuvres choisies de E. Scribe. 5 Vol.

Nº 7. — Théâtre des Grecs, par le P. Brumoy. 16 Vol.

Nº 8. — Théâtre de Victor Hugo : Cromwell, Marion Delorme, Le Roi s'amuse, Lucrèce Borgia, Marie Tudor, Angelo, La Esméralda, Ruy-Blas, Les Burgrons. 4 Vol.

Nº 10. — Vautrin. - Les ressources de Quinola-Paméla Giraud, par H. de Balzac. 1 Vol.

SÉRIE M.

—

MYTHOLOGIE, APOLOGUES, FABLES.

—

Nº 1. — Fables de Lafontaine. 1 Vol.

Nº 2. — Fables de Florian. 1 Vol.

Nº 3. — Aventures de Télémaque, suivies d'un recueil de fables. 1 Vol.

SÉRIE N.

ROMANS, CONTES, NOUVELLES.

No 1. - Gil Blas, par Le Sage. 1 Vol.

No 2. — Atala. — Réné. — Les Abencérages et voyage en Amérique, par Chateaubriand. 1 Vol.

No 3. — Les Natchez, par Chateaubriand. 1 Vol.

No 4. — Les Martyrs,   id.   1 Vol.

No 5. — Corine ou de l'Italie, par Mme de Staël. 1 Vol.

No 6. — De l'Allemagne,   id.   1 Vol.

No 7. — Mes Prisons et des Devoirs, traduits par Lezand. 1 Vol.

No 8. — Les Puritains d'Ecosse, par Walter-Scott. 1 Vol

No 9 — Rob-Roy,   id.   1 Vol.

No 10. — La Prison d'Édimbourg.   id.   1 Vol.

No 11. — Waverley,   id.   1 Vol.

No 12. — Guy Mannering.   id.   1 Vol.

No 13. — L'Antiquaire   id.   1 Vol.

No 14 — Quentin Durwrard.   id.   1 Vol.

No 15. — Ivanhoë,   id.   1 Vol.

No 16. — La Jolie Fille de Perth,   id.   1 Vol.

No 17. — Kenilworth,   id.   1 Vol.

No 18. — Les Confidences, Graziella, par de Lamartine 1 Vol.

No 19. — L'Allumeur de Réverbères, par Cummins 1 Vol.

N⁰ 20. — Marcomir, par Assolant. 1 Vol.

N⁰ 21. — Gazida, par X. Marmier. 1 Vol.

N⁰ 22. — Le Nez du Notaire, par Ed. About. 1 Vol.

N⁰ 23. — Le Roi des Montagnes, id. 1 Vol.

N⁰ 24. — Causeries, id. 1 Vol.

N⁰ 25. — Madelon, id. 1 Vol.

N⁰ 26. — Maitre-Pierre, id. 1 Vol.

N⁰ 27. — Trente et Quarante, id. 1 Vol.

N⁰ 28. — L'Homme à l'oreille cassée, id. 1 Vol.

N⁰ 29. — Tolla, id. 1 Vol.

N⁰ 30. — Germaine, id. 1 Vol.

N⁰ 31. — Les mariages de Paris, id. 1 Vol.

N⁰ 32. — Lettres d'un bon jeune homme à sa cousine Madeleine, par E. About. 1 Vol.

N⁰ 33. — Dernières lettres d'un bon jeune homme à sa cousine Madeleine, par E. About. 1 Vol.

N⁰ 34. — Le cas de M. Guérin, id. 1 Vol.

N⁰ 35. — L'infame, id. 1 Vol.

N⁰ 36. — Les mariages de province, id. 1 Vol.

N⁰ 37. — Les vacances de la comtesse, id. 1 Vol.

N⁰ 38. — Le marquis de Laurose, id. 1 Vol.

N⁰ 39 — Le mari imprévu, id. 1 Vol.

N⁰ 40. — Le turco, id. 1 Vol.

N⁰ 41. — L'ami Fritz, par Erckmann-Chatrian. 1 Vol.

N⁰ 42. — Histoire d'un conscrit de 1813, par Erckmann-Chatrian, 1 Vol.

N⁰ 43. — Madame Thérèse, par Erckmann-Chatrian. 1 Vol.

No 44. — L'invasion ou le fou de Yégof, par Erckmann-Chatrian. 1 Vol.

No 45. — Waterloo, (suite du conscrit)   id.   1 Vol.

No 46. — La guerre,   id.   1 Vol.

No 47. — La maison forestière,   id.   1 Vol.

No 48. — Histoire d'un homme du peuple id.   1 Vol.

No 49. — Contes des bords du Rhin,   id.   1 Vol.

No 50. — Le blocus,   id.   1 Vol.

No 51. — Contes populaires,   id.   1 Vol.

No 52. — Confidences d'un joueur de clarinette, par Erckmann-Chatrian, 1 Vol.

No 53. — Histoire d'un paysan, par Erckmann-Chatrian 1 Vol.

No 54. — Contes et romans populaires,   id.   1 Vol.

No 55. — Histoire du plébiscite, racontée par un des 7,500,000 oui, par Erckmann-Chatrian.   1 Vol.

No 56. — Histoire d'un sous-maître, id.   1 Vol.

No 57. — Une campagne en Kabylie, id.   1 Vol.

No 58. — Les deux frères,   id.   1 Vol.

No 59. — Le brigadier Frédéric,   id.   1 Vol.

No 60. — L'espion, par F. Cooper.   1 Vol.

No 61. — Le pilote,   id.   1 Vol.

No 62. — Lionel Lincoln,   id.   1 Vol.

No 63. — Le dernier des Mohicans, par E. Cooper. 1 Vol

No 64. — Les pionniers,   id.   1 Vol.

No 65. — La prairie,   id.   1 Vol.

No 66. — Le corsaire rouge,   id.   1 Vol.

No 67. — Les puritains d'Amérique,   id.   1 Vol.

Nº 68. — L'écumeur de mer, par F. Cooper. 1 Vol.

Nº 69. — Le bravo, id. 1 Vol.

Nº 70. — Précaution, id. 1 Vol.

Nº 71. — L'heidenmauer, id. 1 Vol.

Nº 72. — Le bourreau de Berne, id. 1 Vol.

Nº 73. — Les monikins, id. 1 Vol.

Nº 74. — Le paquebot, id. 1 Vol.

Nº 75. — Eva Effingham, id. 1 Vol.

Nº 76. — Le lac Ontario, id. 1 Vol.

Nº 77. — Mercédès de Castille, id. 1 Vol.

Nº 78. — Le tueur de daims, id. 1 Vol.

Nº 79. — Les deux amiraux, id. 1 Vol.

Nº 80. — Le feu-follet, id. 1 Vol.

Nº 81. — A bord et à terre, id. 1 Vol.

Nº 82. — Lucie Hardinge, id. 1 Vol.

Nº 83. — Wyandotté, id. 1 Vol.

Nº 84. — Satanstoë, id. 1 Vol.

Nº 85. — Le porte-chaîne, id. 1 Vol.

Nº 86. — Ravensnest, id. 1 Vol.

Nº 87. — Modeste mignon, par H. de Balzac. 1 Vol.

Nº 88. — Beatrix, id. 1 Vol.

Nº 89. — Ursule Mirouet, id. 1 Vol.

Nº 90. — Le lys dans la vallée, id. 1 Vol.

Nº 91. — Le père Goriot, id. 1 Vol.

Nº 92. — Scènes de la vie privée, id. 5 Vol.

Nº 93. — Honorine. - Colonel Chabert, etc., par H. de Balzac. 1 Vol.

No 94. — Les parisiens en province, par H. de Balzac. 1 Vol.

No 95. — Les rivalités, id. 1 Vol.

No 96. — Scènes de la vie parisienne, id. 1 Vol.

No 97. — Histoire des treize, id. 1 Vol.

No 98. — Grandeur et décadence de César Birotteau, par H. de Balzac. 1 Vol.

No 99. — La maison Nucingen, par H. de Balzac. 1 Vol.

No 100. — Les parents pauvres, id. 2 Vol.

No 101. — Une ténébreuse affaire, id. 1 Vol.

No 102. — L'envers de l'histoire contemporaine, par H. de Balzac. 1 Vol.

No 103. — Le député d'Arcis, par H. de Balzac. 1 Vol.

No 104. — Scènes de la vie militaire, id. 1 Vol.

No 105. — Scènes de la vie de campagne, id. 1 Vol.

No 106. — La peau de chagrin, id. 1 Vol.

No 107. — La recherche de l'absolu, id. 1 Vol.

No 108. — L'enfant maudit, id. 1 Vol.

No 109. — Les Maranœ, id. 1 Vol.

No 110. — Sur Catherine de Médicis, id. 1 Vol.

No 111. — Louis Lambert. - Les proscrits, id. 1 Vol.

No 112. — Physiologie du mariage, id. 1 Vol.

No 113. — Petites misères de la vie conjugale, par H. de Balzac. 1 Vol.

No 114. — Les contes drolatiques, par H. de Balzac. 1 Vol.

No 115. — Picciola, par X.-B. de Saintine. 1 Vol.

No 116. — Lélia. - Metella. - Melchior et Cora, par Georges Sand. 1 Vol.

No 117. — Horace, par Georges Sand. 1 Vol.

No 118. — Lélia, id. 1 Vol.

No 119. — Mauprat, id. 1 Vol.

No 120. — Le médecin de campagne, par H. de Balzac. 1 Vol.

No 121. — Les illusions perdues, id. 1 Vol.

No 122. — Les célibataires, id. 1 Vol.

No 123. — Eugénie Grandet, id. 1 Vol.

No 124. — Les paysans, id. 1 Vol.

No 125. — Atala et le dernier des Abencérages, par de Chateaubriand. 1 Vol.

No 126. — Contes fantastiques, par Ch. Nodier. 1 Vol.

No 127. — Contes de la veillée, id. 1 Vol.

No 128. — Un été au bord de la Baltique, par X. Marmier. 1 Vol.

No 129. — Histoire d'un pauvre musicien, par X. Marmier.

No 130. — Nouvelles génevoises, par R. Topffer. 1 Vol.

No 131. — Les travailleurs de la mer, par V. Hugo. 1 Vol.

No 132. — Notre-Dame de Paris, par V. Hugo. 1 Vol.

No 133. — Les soirées de St-Pétersbourg, par le comte Joseph de Maistre. 1 Vol.

No 134. — Oberkampf, par Alf. Labouchère. 1 Vol.

No 135. — Lettres à la dame de cœur, par J.-T. de St-Germain. 1 Vol.

No 136. — La Feuille de coudrier, par J.-T. de St-Germain. 1 Vol.

No 137. — Pour une épingle, par J.-T. de St-Germain. 1 Vol.

No 138. — Les extrêmes, id. 1 Vol.

No 139. — La trève de Dieu, id. 1 Vol.

No 140. — L'art d'être malheureux, id. 1 Vol.

No 141. — La vieillesse, id. 1 Vol.

No 142. — Mignon, id. 1 Vol.

No 143· — La dame de Monsoreau, par Alexandre Dumas. 3 Vol.

No 144. — Les quarante-cinq, par Alexandre Dumas. 3 Vol.

No 145. — Les trois mousquetaires, id. 2 Vol.

No 146. — Le vicomte de Braguelonne, id. 6 Vol.

No 147. — Vingt ans après. id. 3 Vol.

No 148. — David-Copperfield, par Dickens. 2 Vol.

No 149. — Le magasin d'antiquités, id. 2 Vol.

No 150. — Les temps difficiles, id. 1 Vol.

No 151. — Paris et Londres en 1793. id. 1 Vol.

No 152. — Historiettes et récits de foyer, id. 1 Vol.

No 153. — Contes de Noël. 1 Vol.

No 154. — L'avare et son trésor, par X. Marinier. 1 Vol.

No 155. — Hélène et Suzanne, id. 1 Vol.

No 156. — Le roman d'un héritier, id. 1 Vol.

No 157. — Les mille et une nuits des familles, contes arabes, traduit par Galland. 1 Vol.

No 158. — La voleuse d'enfants, par Henri Conscience. 1 Vol.

No 159. — Le marchand d'Anvers, par Henri Conscience. 1 Vol.

No 160. — Souvenirs de jeunesse,   id. 1 Vol.

No 161. — Les bourgeois de Darlingen,   id. 1 Vol.

No 162. — Batavia,   id. 1 Vol.

No 163. — L'oncle et la nièce,   id. 1 Vol.

No 164. — Le mal du siècle,   id. 1 Vol.

No 165. — Le démon du jeu,   id. 1 Vol.

No 166. — Le guet-apens,   id. 1 Vol.

No 167. — Le gant perdu,   id. 1 Vol.

No 168. — La tombe de fer,   . id. 1 Vol.

No 169. — Le jeune docteur,   id. 1 Vol.

No 170. — Le bourgmestre de Liège,   id. 1 Vol.

No 171. — Le chemin de la fortune.   id. 1 Vol.

No 172. — Le coureur des grèves,   id. 1 Vol.

No 173. — L'année des merveilles,   id. 1 Vol.

No 174. — Scènes de la vie flamande,   id. 1 Vol.

No 175. — Les veillées flamandes,   id. 1 Vol.

No 176. — La jeune femme pâle,   id. 1 Vol.

No 177. — Le démon de l'argent,   id. 1 Vol.

No 178. — Le conscrit,   id. 1 Vol.

No 179. — Histoire de 2 enfants d'ouvriers, id. 1 Vol.

No 180. — L'orphelin,   id. 1 Vol.

No 181. — Le martyre d'une mère,   id. 1 Vol.

No 182. — La mère Job,   id. 1 Vol.

No 183. — Le pays de l'or,   id. 1 Vol.

No 184. — Le fléau du village,   id. 1 Vol.

N⁰ 185. — La guerre des paysans, par Henri Conscience. 1 Vol.

N⁰ 186. — Les heures du soir,   id. 1 Vol.

N⁰ 187. — Les dames flamandes,   id. 1 Vol.

N⁰ 188. — Le lion de Flandre,   id. 2 Vol.

N⁰ 189. — Le tribun de Gand,   id. 2 Vol.

N⁰ 190. — La fiancée du maitre d'école,   id. 1 Vol.

N⁰ 191. — Le gentilhomme pauvre,   id. 1 Vol.

N⁰ 192. — Les impressions de voyage :
    1. En Russie,   par Alexandre Dumas. 4 Vol.

N⁰ 193. —   2. En Suisse,   id.   3 Vol.

N⁰ 194. —   3. Dans le Caucase,   id.   3 Vol.

N⁰ 195. —   4. Sur les bords du Rhin, id.   2 Vol.

N⁰ 196. —   5. De Paris à Cadix,   id.   2 Vol.

N⁰ 197. —   6. Dans l'Arabie heureuse id.   3 Vol.

N⁰ 198. —   7. Le speromare,   id.   2 Vol.

N⁰ 199. —   8. Une année à Florence, id.   1 Vol.

N⁰ 200. —   9. Le midi de la France, id.   2 Vol.

N⁰ 201. — 10. Le veloce,   id.   2 Vol.

N⁰ 202. — 11. Le capitaine Aréna,   id.   1 Vol.

N⁰ 203. — 12. Quinze jours au Sinaï, id.   1 Vol.

N⁰ 204. — 13. La villa Palmieri,   id.   1 Vol.

N⁰ 205. — Le corricola, par Alexandre Dumas. 2 Vol.

N⁰ 206. — Le chevalier de la maison rouge, par Alexandre Dumas. 2 Vol.

N⁰ 207. — Le comte de Monte-Christo, par Alexandre
Dumas. 6 Vol.

N⁰ 208. — Le génie du Christianisme, par Chateaubriand. 2 Vol.

Nº 209. — Il Decamerone di Giovani Boccacio. 1 Vol.

Nº 210. — Histoire de Gil Blas de Santillane, par Lesage. 1 Vol.

Nº 211. — Nouvelles confidences. — Geneviève. 1 Vol.

Nº 212. — Toussaint-Louverture. — Raphaël. — Le tailleur de pierres de St-Point. 1 Vol.

Nº 213. — L'esprit des bêtes, par Toussaint. 1 Vol.

Nº 214. — Le 41ᵉ fauteuil, par Houssaye, 1 Vol.

Nº 215. — Les exilés dans la forêt, par Manie-Reid. 1 Vol.

Nº 216. — La vierge du Liban, par **L.** Enault. 1 Vol.

Nº 217. — Jean de la Roche, par **G.** Sand. 1 Vol.

Nº 218. — Le gardian de la Camargue, par Mᵐᵉ Figuier. 1 Vol.

Nº 219. — L'habitation du désert, par Manie-Reid. 1 Vol.

Nº 220. — L'ingénieux chevalier Don-Quichotte de la Manche, par Michel Cervantès. 2 vol.

Nº 221. — Le théâtre impossible, par E. About. 1 Vol.

Nº 222. — Le chemin des écoliers, par X.-B. Saintine. 1 Vol.

Nº 223. — Sept hommes, 1873. 1 Vol.

Nº 224. — Le nain noir, par Walter-Scott. 1 Vol.

Nº 225. — Lettres d'un soldat, par St-Genest. 1 Vol.

Nº 226. — Dosia, par Henry Gréville. 1 Vol.

Nº 227. — La fille du capitaine, par Pouschkine. 1 Vol.

Nº 228. — L'esprit des autres, par Ed. Fournier. 1 Vol.

SÉRIE O.

PHILOLOGIE & CRITIQUE LITTÉRAIRE.

No 1. — Éléments de littérature, par Marmoutel. 3 Vol

No 2. — Littérature française, par Willemain. 6 Vol.

No 3. — Tableau de la littérature française au XVIIIe siècle, par M. de Barante. 1 Vol.

No 4. — Cours familier de littérature, par de Lamartine. 1 Vol.

No 5. — Histoire de la littérature française depuis ses origines jusqu'à nos jours, par Demogeot. 1 Vol.

No 6. — Curiosités de l'étymologie française, par Ch. Nisard. 1 Vol.

No 7. Shakespeare, par Victor Hugo.

SÉRIE P.

ÉPISTOLAIRES.

N° 1. — Lettres de Mme de Sévigné, avec les notes de tous les commentateurs. 6 Vol.

N° 2. La nouvelle Héloise, par J.-J. Rousseau. 1 Vol.

SÉRIE Q.

POLYGRAPHES.

N° 1. — Œuvres complètes de S. M. Napoléon III. (1856). 4 Vol.

N° 2. — Œuvres de Rabelais. 2 Vol.

N° 3. — Œuvres d'Eginhard. 1 Vol.

N° 4. — Œuvres choisies de St-Evremond. 1 Vol.

N° 5. -- Œuvres complètes de Tacite, traduites sous la direction de M. Nisard. 1 Vol.

N° 6. — Œuvres complètes de Lucrèce, Virgile, Flaccus. 1 Vol.

N° 7. — Œuvres complètes d'Horace, de Juvénal, de Perse, de Sulpicia, Turnus, de Catulle, de Properce, de Gallus, de Phèdre, Maximilien, de Tibulle, etc. 1 Vol.

N° 8. — Œuvres complètes d'Ovide. 1 Vol.

N° 9. — Suétone.

N° 10. — Œuvres complètes de Lamartine. 41 Vol.

N° 11. — Œuvres complètes de Virgile. 1 Vol.

N° 12. — Œuvres complètes posthumes de M. Duplessis. 5 Vol.

N° 13. — Œuvres de Tite-Live. 2 Vol.

N° 14. — Œuvres complètes de Cicéron. 5 Vol

N° 15. — Œuvres complètes. — Salluste. — Jules César.. — G. Valléius Paterculus et Florus.

N° 16· — Iliade. 1 Vol.

N° 17. — Odyssée et Poésies homériques. 1 Vol

N° 18. — Œuvres complètes du Cte Xavier de Maistre. 1 Vol.

N° 19. — Œuvres d'Eginhard. 1 Vol.

N° 20. — Œuvres littéraires de M. Alexandre Devred. 1 Vol.

N° 21. — Œuvres d'Horace, par Anquetil. 2 Vol.

N° 22. — Œuvres de René Mathey de Thury. 1 Vol.

SÉRIE R.

RECUEILS, MÉLANGES, EXTRAITS.

Nº 1. — Aventures du Télémaque et recueil des fables de Fénelon. 1 Vol.

Nº 2. — Œuvres choisies de Bernardin de St-Pierre. Paul et Virginie. - La chaumière indienne. 1 Vol.

Nº 3. — Mélanges politiques et littéraires, par Chateaubriand. 1 Vol.

Nº 4. — Notice du 14ᵉ au 15ᵉ siècle, sur Bertrand de Rayns, par Lucien de Rosny. 1 Vol.

Nº 5. — Catalogue général des manuscrits des bibliothèques du département, publié sous les auspices du Ministre de l'Instruction publique. 2 Vol.

Nº 6. — Bibliotheca belgica manuscripta, a Sandero. 1641. 1 Vol.

Nº 7. — Catalogue des manuscrits de la bibliothèque de Valenciennes, par Maugeart. 1860. 1 Vol.

Nº 8. — Catalogue des livres manuscrits, etc., formant le cabinet de M. Rigaut, ancien président de chambre à la cour de Douai. 1 Vol.

Nº 9. — Œuvres mêlées de St-Evremond. 1708. 1 Vol.

Nº 10. — Simples lectures sur les sciences, par Garrigues. 1 Vol.

Nº 11. — 5ᵉ Centenaire de la mort de Pétrarque. 1 Vol.

Nº 12. — Entretiens populaires, par Evariste Thévenin. 8 Vol.

Nᵒ 13. — Œuvres de La Fontaine, recueillies par P. Lacroix. 1 Vol.

Nᵒ 14. — Voltaire : Édition du centenaire. 1878. 1 Vol.

Nᵒ 15. — Les paquerettes, poésie et prose, par M. V. Courmaceul. 1 Vol.

Nᵒ 16. — La Grèce tragique : chefs-d'œuvre d'Eschyle, de Sophocle et d'Euripide.

Nᵒ 17. — Prométhée enchaîné. — Electre. — Hippolyte-Hécube. — Les Phéniciennes. 1 Vol.

Nᵒ 18. — Ion. 1 Vol.

Nᵒ 19. — Œdipe à Colone. — Ajax. 1 Vol.

Nᵒ 20. — Les Euménides. 1 Vol.

Nᵒ 21. — Alceste. 1 Vol.

Nᵒ 22. — Iphigénie à Aulis. 1 Vol.

Nᵒ 23. — Rentrée des Facultés. (Académie de Douai) 1879. 1 Vol.

Nᵒ 24. — La Sibylle.

SÉRIE S.

HISTOIRE.

N° 1. — Siècle de Louis XIV, par Voltaire. 1 Vol.

N° 2. — Histoire de Charles XII.   id.   1 Vol.

N° 3. — Histoire de France, par Henri Martin. 1 Vol.

N° 4. — Histoire des Comtes de Flandre, par Ed. Le Glay. 1 Vol.

N° 5. — La Guerre d'Orient, par Janet Lange. 2 Vol.

N° 6. — Annales du Haynaut, par le R. P. Vinchant. 1 Vol.

N° 7. — Chronique d'Arras et de Cambrai, par Baldéric. 1 Vol.

N° 8. — Histoire de la Révolution française, par Mignet. 2 Vol.

N° 9. — Histoire de la Révolution française, par A. Thiers. 10 Vol.

N° 10. — Histoire du Consulat et de l'Empire, par A. Thiers. 20 Vol.

N° 11. — Atlas de l'histoire du Consulat et de l'Empire. 1 Vol.

N° 12. — Les expéditions de Chine et de Cochinchine, par le Baron de Bazencourt. 2 Vol.

N° 13. — Expédition de Crimée, par le Baron de Bazencourt. 2 Vol.

N° 14. — Histoire universelle, par César Cantu. 15 Vol.

N° 15. — Histoire des villes de France : La Flandre, par A. Guilbert. 1 Vol.

N° 16. — Histoire des villes de France, Picardie, par A. Guilbert. 2 Vol.

N° 17. — Histoire des villes de France, Lorraine, par A. Guilbert. 2 Vol.

N° 18. — Histoire des villes de France, Champagne, par A. Guilbert. 2 Vol.

N° 19. — Histoire des villes de France, Artois, par A. Guilbert. 1 Vol.

N° 20. — Histoire de Jules César, par Napoléon III. 2 Vol.

N° 21. — Histoire ecclésiastique de la ville et du comté de Valenciennes, par Simon Leboucq. 1 Vol.

N° 22. — Les fastes de la guerre d'Orient, par Eug. Pick. 1 Vol.

N° 23. — Suger et la monarchie française, au XII° siècle, par Huguenin. 1 Vol.

N° 24. — Histoire de l'Italie en 1840. — 1849, par César Vimercati. 1 Vol.

N° 25. — Études sur Charles-Quint, par A. Dumeril. 1 Vol.

N° 26. — Histoire chronologique de Tournai, par Hovelant de Bavelaëre. 47 Vol.

N° 27. — Histoire générale de la Belgique, par M. Deswez. 7 Vol.

N° 28. — Histoire de l'Espagne, par Rosseuw St-Hilaire. 1 Vol.

N° 29. — Avènement des Bourbons au trône d'Espagne, par Ch. Hippeau. 2 Vol.

Nᵒ 30. — Histoire de la Savoie, par V. de St-Genis. 3 Vol.

Nᵒ 31. — Jules César en Gaule, par Jacques Maissiat. 2 Vol.

Nᵒ 32. — La France sous Philippe-le-Bel, par E. Boutaric. 1 Vol.

Nᵒ 33. — Histoire de la Grèce sous la domination romaine, par L. Petit de Julleville. 1 Vol.

Nᵒ 34. — Expédition du Mexique, 1861-1867, par Niox. 2 Vol.

Nᵒ 35. — Histoire de Gustave-Adolphe, par E. de Parieu. 1 Vol.

Nᵒ 36. — Napoléon Iᵉʳ et le roi Louis, par Félix Rocquain. 1 Vol.

Nᵒ 37. — Dix ans de l'histoire d'Allemagne, par René Taillandier. 1 Vol.

Nᵒ 38. — Louis XIII et Richelieu, par Marius Topin. 1 Vol.

Nᵒ 39. — Journal humoristique du siège de Sébastopol, par un artilleur. 2 Vol.

Nᵒ 40. — Chronique du siège de Paris, par Francis Wey. 1 Vol.

Nᵒ 41. — Histoire ancienne, par Rollin. 10 Vol.

Nᵒ 42. — L'art de vérifier les dates des faits historiques, par un religieux bénédictin de la congrégation de Saint-Maure, 1 Vol.

Nᵒ 43. — Histoire ecclésiastique du diocèse de Cambrai, par Le Glay. 1 Vol.

Nᵒ 44. Armorial général de la France. 1821. 2 Vol.

Nᵒ 45. Histoire de l'Abbaye d'Arronaise, par Gosse, 1 Vol.

N⁰ 46. — Histoire des Comtes de Flandres jusqu'à l'avènement de la maison de Bourgogne, par Le Glay. 2 Vol.

N⁰ 47. — Napoléon, recueil par ordre chronologique de ses lettres, proclamations, bulletins, discours, etc. formant une histoire de son règne écrite par lui-même, notes historiques, par Lermoysau. 3 Vol.

N⁰ 48. — Collection de documents inédits sur l'histoire de France, publiés par ordre du Roi. 4 Vol.

N⁰ 49. — Procès des Templiers, publié par Michelet 2 Vol.

N⁰ 50. — Histoire de la Turquie, par de Lamartine, 6 Vol.

N⁰ 51. — Histoire des Girondins, id. 6 Vol.

N⁰ 52. — Histoire de la Restauration, id. 6 Vol.

N⁰ 53. — Histoire de la Russie, id. 1 Vol.

N⁰ 54. — Critique de l'histoire des Girondins. 1 Vol.

N⁰ 55. — Notice historique pour servir à l'explication du tableau historique et chronologique des Pays-bas par D. Fournier de St-Martin. 1830. 1 Vol.

N⁰ 56. — Histoire de la Révolution de 1688, par Macaulay. 1 Vol.

N⁰ 57. — Macaulay, Volume posthume. 1 Vol.

N⁰ 58. — Essais et Notice sur Macaulay, par Guizot. 2 Vol.

N⁰ 59. — Procès-verbal des séances de l'assemblée provisoire de la province de Hainaut, 1788. 1 Vol.

N⁰ 60. — Histoire du village d'Esne et de ses dépendances, par Louis Boniface. 1863. 1 Vol..

N⁰ 61. — Histoire des villes de France. La Flandre. 1852. 1 Vol.

No 62. — Histoire des Ducs de Bourgogne, 1364-1482, par de Barante. 1860. 8 Vol.

No 63. — Histoire de la ville de St-Amand, par de Courmaceul. 5 Exemplaires.

No 64. — L'Abbaye de St-Amand sous la prélature de Gérard Cultelli, 65me abbé par J. Desilve. 1866. 1 Vol.

No 65. — Histoire de Napoléon, par de Norvins. 1 Vol.

No 66. — Louis XIV et son siècle, par Alex. Dumas. 1 Vol.

No 67. — Histoire des troubles religieux de Valenciennes, par Ch. Paillard. 4 Vol.

No 68. — Les Drapeaux français, par le Comte de Bouillé. 1 Vol.

No 69. — Fragments de l'histoire des Arsacides, par St-Martin. 2 Vol.

No 70. — Etude sur l'histoire des institutions seigneuriales et communales de l'arrondissement de Gaillac par Elie A. Rossignol. 1 Vol.

No 71. — Histoire du château et de la châtellenie de Douai, par Félix Brassart. 3 Vol.

No 72. — Traduction des histoires de Tacite, par Félix Olivier. 1 Vol.

No 73. — Abélard et Héloïse, essai historique par M. et Mme Guizot. 1 Vol.

No 74. — Momento des révolutions modernes de la France, par Stéphen Arnoult. 1 Vol.

No 75. — La sainte Russie, par Achille Gallet de Kulture.

N° 76. — Frédéric II, par un anonyme, don du Ministre de l'instruction publique. 1 Vol.

N° 77. — Richelieu, par un anonyme,   id.   1 Vol.

N° 78. — Louis XIV,   id.   id.   1 Vol.

SÉRIE T.

GÉOGRAPHIE, VOYAGES, AVENTURES, CHASSES & VOYAGES D'IMAGINATION.

N⁰ 1. — Voyage historique de M. Bethurann dans le nord de la France, par Ed. Coussemaker. 1 Vol.

N⁰ 2. — Géographie de Malte-Brun. 6 Vol.

N⁰ 3. — Atlas de la Géographie de Malte-Brun, 1 Vol.

N⁰ 4. — Relation de la fête du Roi, des grandes revues, et des deux voyages de S. M. dans l'intérieur du royaume en Mai, Juin et Juillet 1831. 1 Vol.

N⁰ 5. — Relation du voyage du Roi à Compiègne, de ses revues à Paris et à Versailles et du voyage du Prince royal dans le Midi. Juin 1832. 1 Vol.

N⁰ 6. — La Turquie pittoresque par W. A Duckett. 1 Vol.

N⁰ 7. — Voyages dans les steppes d'Astrakan et du Caucase, par le comte J. Potocki. 2 Vol.

N⁰ 8. — Voyage dans l'Amérique du sud, par Ernest Grandidier. 1 Vol.

N⁰ 9. — L'Afrique équatoriale, par le marquis de Compiègne. 2 Vol.

N⁰ 10. — Géographie générale, par L. Dussieux (avec atlas). 2 Vol.

N⁰ 11. — Voyage au pays des milliards, par V. Tissot. 1 Vol.

N⁰ 12. — Promenade autour du monde, par le Baron de Hübner. 2 Vol.

N⁰ 13. — Voyage autour du monde, par Ida Pfeiffer. 1 Vol.

N⁰ 14. — Une ville flottante, par Jules Verne. 1 Vol.

N⁰ 15. — Vingt-mille lieues sous les mers, id.   2 Vol.

N⁰ 16. — Cinq semaines en ballon,   id.   1 Vol.

N⁰ 17. — Voyage au centre de la terre,   id.   1 Vol.

N⁰ 18. — Aventures du capitaine Hatteras, id.   2 Vol.

N⁰ 19. — Les enfants du capitaine Grant,   id.   3 Vol.

N⁰ 20. — Histoire des grands voyages et des grands voyageurs. par Jules Verne. 1 Vol.

N⁰ 21. — De la terre à la lune, par Jules Verne. 1 Vol.

N⁰ 22. — Aventures de trois Russes et de trois Anglais, par Jules Verne. 1 Vol.

N⁰ 23. — Le tour du monde en 80 jours, par Jules Verne 1 Vol.

N⁰ 24. — Autour de la lune, par Jules Verne. 1 Vol.

N⁰ 25. — Le pays des fourrures,   id.   2 Vol.

N⁰ 26. — Les naufragés de l'air,   id.   1 Vol.

N⁰ 27. — Le Chancellor   id.   1 Vol.

N⁰ 28. — Le docteur Ox. — Maitre Zacharius. — Un hivernage dans les glaces. — Une dame dans les airs, par Jules Verne. 1 Vol.

N⁰ 29. — Michel Strogoff. — Moscou. — Irkoutsk. — par Jules Verne. 2 Vol.

N⁰ 30. — L'Ile mystérieuse. — L'abandonné, par Jules Verne. 1 Vol.

N⁰ 31. — Le secret de l'ile, par Jules Verne. 1 Vol.

N° 32. — Un capitaine de 15 ans, par J. Verne. 2 Vol.

N° 33. — Itinéaire de Paris à Jérusalem, par Chateaubriand. 2 Vol.

N° 34. — Robinson Crusoë, par Daniel Foë. 1 Vol.

N° 35. — Souvenirs et impressions, pensées, paysages, pendant un voyage en Orient, 1832-1833, ou notes d'un voyageur, par de Lamartine. 3 Vol

N° 36. — Nouveau voyage en Orient, par de Lamartine. 1 Vol.

N° 37. — L'Empire chinois, par le R. P. Huc. 2 Vol.

N° 38. — La Turquie et Constantinople. 1 Vol.

N° 39. — Explorations dans l'intérieur de l'Afrique, par Livingstone. 1 Vol.

N° 40. — Études sur la signification des noms topographiques de l'arrondissement de Cambrai, par L. Boniface. 1866. 1 Vol.

N° 41. — Les Prussiens en Allemagne, par Victor Tissot. 1 Vol.

N° 42. — Voyage aux pays annexés, par Victor Tissot. 1 Vol.

N° 43. — La Hollande pittoresque, voyage aux villes mortes du Zuyderzée, par Henri Havard. 1 Vol.

N° 44. — Une année dans le Sahel, par Eug. Fromentin. 1 Vol.

N° 45. — Études Néerlandaises, par L. de Backère. 1 Vol.

N° 46. — Géographie historique et populaire des communes de l'arrondissement d'Abbeville, par Fl. Lefils. 1 Vol.

N° 47. — Carte du département du Nord (annexe du nivellement général) 1874-1876. 1 Vol.

N° 48. — Résultats des opérations exécutées de 1869 à 1875. 1 Vol.

N° 49. — La France, sites, monuments, richesses, etc., par C. Fallet.

N° 50. — Étude sur l'ile de Rhodes, par Guérin. 1856. 1 Vol.

N° 51. — Voyage dans les mers du sud, à bord de la corvette *la Reine Hortense*, par Ed. Choiecki. 1 Vol.

SÉRIE U.

BIOGRAPHIE, MÉMOIRES.

N° 1. — Mémoires de Dumouriez. 2 Vol.

N° 2. — Mémoires de Vaublanc. 1 Vol.

N° 3 — Mémoires de Jean sire de Joinville.   1 Vol.

N° 4. — Mémoires du Chevalier de Grammont. 1 Vol.

N° 5. — Mémoires authentiques du Duc de St-Simon. 1 Vol.

N° 6. — Mémoires historiques de l'arrondissement de Valenciennes. 2 Vol.

N° 7. — Mémoires inédits de Lamartine. 1790-1815. 1 Vol.

N° 8. — Jeanne d'Arc, par H. Wallon. 1 Vol.

N° 9. — St-Louis et son temps, par H. Wallon. 2 Vol.

N° 10. — Montausier, sa vie et son temps, par Amédée Roux. 1 Vol.

N° 11. — Michel de l'Hospital avant son élévation au poste de Chancelier de France 1 Vol.

N° 12. — Henri IV et sa politique par M. Ch. Mercier de Lacombe. 1 Vol.

N° 13. — Les mémoires d'outre-tombe, Chateaubriand 6 Vol.

N° 14. — Histoire de trois ouvriers français : Richard Lenoir, Abraham-Louis Bréguet et Michel Brezin, par le Baron Ernouf. 1 Vol.

N° 15. — Histoire de Marie Stuart, par Jules Gauthier. 2 Vol.

No 16. — Le Comte de Plélo, un gentilhomme au XVIIIe siècle, par Bathery. 1 Vol.

No 17. — Collection des chroniques de Froissart 1 Vol.

No 18. — Mémoires politiques, par de Lamartine. 4 Vol

No 19. — Vie de quelques hommes illustres, par de Lamartine. 4 Vol.

No 20. — Léon de Lebrande (1432-1455), le 64e abbé de St-Amand, par l'abbé Isidore Delsive. 1 Vol.

No 21. — Mémoires sur les archives de l'Abbaye de St-Amand, par Le Glay. 1854. 1 Vol.

No 22. — Mémoires historiques de l'arrondissement de Valenciennes, publiés par la Société d'Agriculture, Sciences et Arts. 1865. 2 Vol

No 23. — Notice sur M. le Marquis d'Havrincourt. 1868. 1 Vol.

No 24. — St-Louis et son temps, par Wallon. 2 Vol.

No 25. — Vergniaud. — Manuscrits, lettres et papiers inédits, par C. Vatel 1873. 2 Vol.

No 26. — Correspondances inédites du roi Stanislas-Auguste Poniatowski et de Madame Geoffrin (1764 à 1777), par Ch. Mouy. 1 Vol.

No 27. — Études historiques sur le Finistère, par Le Hen. 1 Vol.

No 28. — Le Comte Agénor de Gasparin, par Bovel. 1 Vol.

No 29. — Études morales et littéraires sur la personne et les écrits de W. Ducis, par Ones Leroy. 1832. 1 Vol.

No 30. — Notice biographique sur Roland Delattre, connu sous le nom d'Orland Lassus, par H. Delmotte. 1 Vol.

N° 31. — Souvenirs de M° Clément Hemery, 1793-1794. 1 Vol.

N° 32. — Notice sur Philippe Cospeau, évêque d'Aire, par Stassart. 1850. 1 Vol.

N° 33. — Nomenclature des personnes qui se sont fait remarquer dans l'arrondissement de Valenciennes, par Arth. Dinaux. 1850. 1 Vol.

N° 34. — Archives historiques et littéraires du nord de la France et du midi de la Belgique, par A. Dinaux, 18 Vol.

N° 35. — Rudde sa vie et ses œuvres. 1 Vol.

N° 36. — Les Confessions de Mme de la Vallière. 1 Vol.

SÉRIE V.

—

DICTIONNAIRES.

—

N° 1. — Encyclopédie moderne, dictionnaire abrégé des sciences, des lettres, des arts, de l'industrie, de l'agriculture et du commerce, publié par Mrs Firmin Didot, sous la direction de Léon Rénier. 1858. 30 Vol.

N° 2. — Dictionnaire des antiquités grecques et romaines, par Antony Rich, traduit par A. Chéruel. 1 Vol.

N° 3. — Dictionnaire des communes de France. 1864. 1 Vol.

N° 4. — Dictionnaire universel des contemporains. 1 Vol.

N° 5. — Dictionnaire universel d'histoire et de géographie, par Bouillet. 1 Vol.

N° 6. — Glossaire du centre de la France par le Cte Joubert. 2 Vol.

N° 7. — Dictionnaire historique de la France par Ludovic Lalanne. 1 Vol.

N° 8. — Dictionnaire de théologie, par l'abbé Bergies. 4 Vol.

N° 9. — Dictionnaire des synonymes de la langue française, par Lafaye, 1865. 1 Vol.

SÉRIE W.

JOURNAUX, REVUES, RECUEILS PÉRIODIQUES.

N° 1. — Bulletin de la commission historique du département du Nord. 1860, 1862, 1863.

N° 2. — Revue artistique. 1862, 1863, 1864, 1865. 6 Vol.

N° 3. — Le tour du monde. 1860, 1861, 1862, 1863, 1864, 1865, 1866, 1867, 1868, 1869, 1870, 1871, 1872, 1873, 1874, 1875, 1876, 1877, 1878. 28 Vol.

N° 4. Annales de l'industrie nationale et étrangère par Le Normand. 1822, 1823, 1824, 1825, 1869. 24 Vol.

N° 5. — Annales des arts et manufactures. An IX, X, XI, XII, XIII, XIV, 1806-1807.

N° 6. — Bulletin scientifique, historique et littéraire du département du Nord, par Gosselet et Delplanque. 1869. 1 Vol.

N° 7. -- Collection du Moniteur. 1789-1799. 32 Vol.

N° 8. — Dictionnaire de l'académie des Beaux-Arts,

           1858.   1 Vol.

           1861.   1 Vol.

           1863.   1 Vol.

           1864.   1 Vol.

           1865.   1 Vol.

N° 9. — Collection du Moniteur de 1789-1799. 32 Vol.

TABLE

des différents genres d'Ouvrages contenus dans le Catalogue.

BIBLIOTHÈQUE DE L'ABBAYE.

BIBLIOTHÈQUE COMMUNALE.